现代汉语量词研究
与对外汉语教学（第二版）

张 颖 赵艳梅 雷 敏 著

四川大学出版社
SICHUAN UNIVERSITY PRESS

项目策划：宋　颖
责任编辑：宋　颖
责任校对：张伊伊
封面设计：墨创文化
责任印制：王　炜

图书在版编目（CIP）数据

现代汉语量词研究与对外汉语教学 / 张颖，赵艳梅，雷敏著. — 2版. — 成都：四川大学出版社，2022.2
ISBN 978-7-5690-4274-0

Ⅰ.①现… Ⅱ.①张… ②赵… ③雷… Ⅲ.①汉语－数量词－对外汉语教学－教学研究 Ⅳ.① H146.3 ② H195.3

中国版本图书馆 CIP 数据核字（2021）第 012552 号

书　名	现代汉语量词研究与对外汉语教学（第二版）	
著　者	张　颖　赵艳梅　雷　敏	
出　版	四川大学出版社	
地　址	成都市一环路南一段24号（610065）	
发　行	四川大学出版社	
书　号	ISBN 978-7-5690-4274-0	
印前制作	四川胜翔数码印务设计有限公司	
印　刷	郫县犀浦印刷厂	
成品尺寸	148mm×210mm	
印　张	6.125	
字　数	147千字	
版　次	2022年2月第2版	
印　次	2022年2月第1次印刷	
定　价	42.00元	

◆ 版权所有 ◆ 侵权必究

◆ 读者邮购本书，请与本社发行科联系。
电话：(028)85408408/(028)85401670/(028)86408023　邮政编码：610065
◆ 本社图书如有印装质量问题，请寄回出版社调换。
◆ 网址：http://press.scu.edu.cn

四川大学出版社
微信公众号

前　言

　　量词是汉语中非常独特的一类词，也是外国留学生学习汉语的一个难点。在现代汉语中，量词的应用十分普遍。从小生活在汉语环境的中国人对量词使用的许多规则早已习以为常，以至"习焉不察"，在学习、生活、工作中，也都能十分自然地正确使用。说汉语的人都知道，"四月"和"四个月"是不一样的，"给你一刀"和"给你一把刀"意义完全不同，量词的使用使汉语表意更明确。而由于很多外国学生的母语中没有量词这一词类，在遇到量词这一中国人习以为常的词类时，他们往往摸不着头脑。例如，他们会在学习了最常用的量词"个"后，以不变应万变地把"个"用到几乎所有的数词和名词之间。又比如，同样是动物，为什么狗用"只"、马用"匹"、猪用"头"、蛇用"条"呢？这些量词使用的问题常常会让他们深感头痛。究其原因，主要是他们母语中没有对应的词类，正确地选用量词对外国学生尤其是汉语初学者来说存在较大的难度。

　　现阶段对外汉语的量词教学存在很多问题。比如，有的教材对量词的解释偏重于量词的语法功能，而未将量词的选择和辨析作为重点，导致学习者在碰到具体问题时常常无所适从。教材对量词的编排和练习主要集中在初级阶段，中级阶段和高级阶段的量词安排还比较欠缺，中高级阶段出现的量词数量还远远不够。教学者本身对量词缺乏深入的研究和认识，教学方法不当。对外汉语教学中的量词教学应该帮助学习者建构起汉语量词的搭配结构，寻找量词搭配的理据，揭示量词蕴含的文化底蕴，从而提高对外汉语量词教学的效率。

本书在量词本体研究的基础上，结合新时期汉语量词的发展演变过程，总结新时期量词演变的特点和规律，以"枚"为代表对新时期的量词进行个案研究，对比了汉语量词和英语中表量词的情况，并将量词与对外汉语教学结合起来探析，主要从《汉语教程》（杨寄洲主编）和《汉语会话301句》（康玉华、来思平编著）来考察对外汉语教材中有关量词的编写情况，分析汉语作为第二语言的习得过程中量词的习得状况，最后提出相应的教学策略。

本书分为六个部分，具体如下。

第一部分着重从本体出发，对量词研究进行回顾，分析了量词和名词、动词、形容词的搭配情况，从来源、认知、语境和修辞的角度对量词进行多方面考察。

第二部分分析新时期汉语量词的发展演变，总结新时期量词演变的特点和规律，以"枚"为代表对新量词和量词的新用法进行个案研究。

第三部分考察了汉语量词和英语中表量词的对应情况，分析了汉语量词和英语表量词基本对应、一对多和多对一的情况。

第四部分在本体研究的基础上结合经典的对外汉语教材进行考察，主要分析了《汉语教程》和《汉语会话301句》中量词的分布和编写情况，归纳外国学生学习量词时易出现的偏误，并对产生偏误的原因加以分析。

第五部分从教材、教学等方面提出量词教学的策略和建议，指出教材应合理安排量词内容，加强对量词的解释和辨析，加强量词在对外汉语教学中的应用研究，注意量词的反复训练和巩固。量词教学应分层次、分阶段进行，教学时可以通过相近量词的辨析来寻找量词选择的理据，通过简化、规范量词等手段来探索更有效的量词教学方法。

第六部分为结论，总结了全书的主要内容，对对外汉语教学中的量词现状从教材和教学两方面做出说明。

著 者

目 录

第一章　汉语量词研究概说…………………………………（ 1 ）
　第一节　量词研究综述………………………………………（ 3 ）
　第二节　量词的搭配…………………………………………（ 13 ）
　第三节　量词的多维分析……………………………………（ 20 ）

第二章　新时期汉语量词演变考察…………………………（ 29 ）
　第一节　新时期汉语量词演变研究现状……………………（ 31 ）
　第二节　新时期汉语量词演变的特点………………………（ 35 ）
　第三节　新时期汉语量词的个案分析………………………（ 60 ）

第三章　汉语量词与英语表量词的对应……………………（ 77 ）
　第一节　汉语量词与英语表量词基本对应的情况 ………（ 79 ）
　第二节　一个汉语量词对应多个英语表量词的情况
　　　　　………………………………………………………（ 83 ）
　第三节　一个英语表量词对应多个汉语量词的情况
　　　　　………………………………………………………（ 90 ）

第四章　对外汉语量词教学现状分析………………………（ 93 ）
　第一节　《对外汉语教学初级阶段教学大纲·语法
　　　　　大纲》和对外汉语教材分析………………………（ 95 ）
　第二节　量词使用中易出现的典型偏误……………………（116）
　第三节　量词偏误产生的原因分析…………………………（125）

第五章　对外汉语量词教学策略和建议 ………… (129)
第一节　对教材编排及教师的建议 ……………… (131)
第二节　分层次的量词教学 ………………………… (136)
第三节　分阶段的量词教学 ………………………… (141)
第四节　教学方法建议 ……………………………… (145)
结　论 …………………………………………………… (171)
附　录　对外汉语教学中的常用量词表 ……………… (173)
参考文献 ………………………………………………… (181)
后记 ……………………………………………………… (185)

汉语量词研究概说

第一章

第一节　量词研究综述

有丰富的量词是汉语的显著特征。量词有着悠久的历史，它的产生最早可以追溯到三千年前的甲骨文时代，但是，量词的正名、立类却是较晚的事情。在汉语 11 大词类中，量词是最后划分、定名的词类。因为最初的汉语语法学很大程度上受到西方语言学理论的影响，当时语法学家的研究主要着眼于语言的共性。量词是汉藏语系的一大特点，印欧语系的词类中没有量词。在白话文运动之前，汉语中的量词并没有现在这么丰富，因此量词在当时并没有受到足够的关注。直到 20 世纪三四十年代，学者们把研究的视点从语言的共性转向汉语语法的个性，开始挣脱旧语法体系的束缚，尝试建立具有中国特色的新语法体系，量词才开始受到越来越多的关注。

一、量词的正名

量词的正名是一个比较漫长的过程，单就名称来看说法不一，"在语法书上，量词的异名最多：单位词、副名词、助名词、辅名词、称数词、数位词、助量词、别词、类词、陪衬词、计标……不下十几个"[①]。

对量词的正名，从 1898 年马建忠先生著《马氏文通》就开始了。他将量词称作"别称以计数者"。《马氏文通》实字卷之三谈到"滋静"时说："非表词而后者，必所数者可不言而

[①] 张涤华：《现代汉语》，北京：高等教育出版社，1958 年版，第 138 页。

喻。故凡物之公名有别称以计数者，如车乘马匹之类，必先之。"① 例如："赐民百户一牛，酒十石，加年八十孤寡，布帛二匹。"② 句中的"户""石""匹"即"别称"，也就是量词。马建忠先生的研究开了量词研究的先河，他注意到这类词的位置以及它们在语气和修辞方面的差异。但是他只是把量词作为一般的名词看待，没有给它们立名，更没有把它们在词语类目中独立出来。

同马建忠先生一样，陈承泽（1922/1957）也把量词放在名词类目，他在《国文法草创》中说："字之表'物、时、所'或'物、时、所'之一部者为名字，表数之单位及度量衡与记号之字，亦物之属也。""表数之单位之字，如'圆、个、只、双'等是。表度量衡之字，如'尺、寸、升、斗、斤、两'等是。"③

1924年黎锦熙先生在其著作《新著国语文法》中最早提出量词的名称。他说："量词就是表数量的名词，添加在数词之下，用来作所计数的事物之单位。"④ 书中还把量词区分为三类：一类是"用一种个体的普通名词来表他物的数量，如'碗'、'桶'、'包'等"；第二类是"专表数量的名称，就是一切度、量、衡，如'尺'、'寸'、'斤'、'两'等"；第三类是既不是物体，又不是专称，是"从名词转变而成为形容词性质

---

① 马建忠：《马氏文通》，北京：商务印书馆，1983年版，第34页。
② 吕叔湘，王海棻编：《马氏文通读本》，上海：上海教育出版社，1986年版，第215、216、217页。
③ 陈承泽：《国文法草创》，北京：商务印书馆，1957年版，第33、34、35页。
④ 黎锦熙：《新著国语文法》，北京：商务印书馆，1992年版，第81页。

的，如：'个'、'只'、'棵'、'朵'等"①。这些量词只限于名量词。黎锦熙先生认为量词属于名词，和马建忠先生的看法一致，但是仍然没有给量词独立的定类。他把附于动词后面的"一遍""一趟""一次"等看作数量副词。

1943年王力先生在《中国现代语法》中使用了"单位名词"的概念，"我们之所以把它们叫做单位名词者，一则因为它们本身是名词，或从名词演变而成，一则因为它们的用途在于表示人物的单位。'丈、尺、斤、两'之类固然是单位的名称，'个、只、张、把'之类也未尝不是单位的名称，咱们买鸡可以论'只'不论'斤'，买梨可以论'个'不论'斤'，可见'只、个'之类乃是天然的单位"②。并且，在他后来的《词类》一文中，他重申了这一观点："我认为量词是名词的一种，所以我把它叫做单位量词。"他给量词这样归类："量词可附在名词的后边，算作名词的附类，甚至不叫附类也可以。"③王力先生也没有将量词单位单独划分成类。

吕叔湘先生最初在《中国文法要略》（1942/1982）中把量词列入指称词类，叫"单位词"，"白话里名词之上不能直接加数词，当中必须插一个单位词"④。后来，在《语法学习》（1948）中，他又把量词看作是名词的一个附类，称为"副名词"。同时吕叔湘先生也把这类词称为"量词"："副名词表示

---

① 黎锦熙：《新著国语文法》，北京：商务印书馆，1992年版，第84、85页。

② 王力：《中国语法理论》（下册），北京：商务印书馆，1955年版，第116页。

③ 王力：《词类》，载《现代汉语讲座》，北京：知识出版社，1983年版，第106页。

④ 吕叔湘：《中国文法要略》，北京：商务印书馆，1982年版，第18页。

事物或行为的单位,又称'单位名词'或'量词'。它是名词,可是跟一般名词有点两样。一般名词不能直接和数词相连,当中必须加个副名词。副名词可是老跟数词结合在一块,而且大多数副名词本身是空空洞洞的,不像一般名词那么有具体意义('尺、斤'等度量衡单位的意义比较具体)。"① 针对吕叔湘先生的观点,何杰有过这样的评价:"吕叔湘先生指出了量词与名词的区别,指出了量词与数词结合的语法特征。遗憾的是,这个时候,量词仍没有被作为独立的词类给予明确正名。"②

高名凯先生(1948/1986)在《汉语语法论》中,把量词称作"数位词",把动量词称为"次数词"。"汉语是具有名词功能的词,如果加上一个数目字的话,在词和数目字之中,就得加上一个虚字来表明这个词所代表的性质。例如,'一本书'、'一管笔'之类……我们认为最好称这些虚词为数位词,因为它们的作用在于辅助说明事物的单位,事物的特点……除了表示事物数位的数位词外,汉语还有一种表示动作次数的次数词。例如:'打了一下'、'踢了一脚'、'来了一趟'等。"③

陆志韦先生(1951)在《北京话单音节词词汇》中,把量词作为指代词的一类,称为"助名词","我们的名词是材料性的,数量上没有限制。那限制必得另用一种类乎名词的词来表达它。那些词可不是名词,不妨管它们叫'助名词'"④。但

---

① 吕叔湘:《语法修辞讲话》,北京:中国青年出版社,1953年版,第11页。
② 何杰:《现代汉语量词研究》,北京:民族出版社,2001年版,第4页。
③ 高名凯:《汉语语法化》,北京:商务印书馆,1986年版,第160、162、177页。
④ 陆志韦:《北京话单音词词汇》,北京:科学出版社,1956年版,第37页。

"助名词"的提法还是没有反映出量词的性质特点。

直到20世纪50年代后期，量词才开始单独被列为一个词类并正式定名、分析和研究。20世纪50年代，《"暂拟汉语教学语法系统"简述》正式将量词明确定名为"表示事物或动作的数量单位的词是量词。量词有两种：计算实体事物的是物量词，计算行为动作的是动量词"①。从此，量词在汉语词类体系中开始独立成类，量词的名称也开始固定下来。

1961年，朱德熙先生明确将量词定义为"量词是能够放在数词后边的黏着词"②。丁声树等人的《现代汉语语法讲话》把量词独立成类，使它与名词、代词、数词、动词、形容词等平行，书中还把量词分为个体量词、集体量词、度量词和临时量词四类。③到20世纪70年代，量词的定位定名才被普遍接受，量词被划定为独立的词类。量词的独立划分说明汉语研究逐渐摆脱了印欧语的眼光，突破了西方词类研究的框架，这中间历时长久、过程曲折。

二、量词的分类

量词的分类是一个十分复杂的问题，量词次类的划分也是量词研究中分歧较大的问题之一。因为量词本身是黏着词，和它相关的数词、名词、动词、形容词都直接影响着量词的划分。对量词的分类，各家标准不一："有语法功能标准；有形态和语法特征标准；有语音形式标准；有词汇意义标准；有标

---

① 张志公主编：《语法和语法教学》，北京：人民教育出版社，1957年版，第20页。
② 朱德熙：《语法讲义》，北京：商务印书馆，1997年版，第48页。
③ 丁声树等：《现代汉语语法讲话》，北京：商务印书馆，1979年版。

量精确度的标准；有标量形式特征标准；有从词源上分类的标准。有人采取单一标准，有人采取多项标准。"① 因此，由于各家划分的标准和角度不同，至今量词的分类也未统一，难以达成共识。归纳各家的分类意见，我们可以把汉语量词的分类概括成以下三种类型。

一是"二分法"。"二分法"将量词分为名量词（物量词）和动量词两大类，王力也把量词分为这两类：物量词表示事物的单位，动量词表示动作的单位。黄伯荣、廖序东（1991）编著的《现代汉语》、刘月华（2001）的《实用现代汉语语法》都是采用"二分法"，20世纪50年代的《暂拟汉语教学语法系统》和丁声树（1961）的《现代汉语语法讲话》也是对量词进行的二分，但是二者的分类标准很不相同。前者是以意义为标准，后者则是以功能为标准进行划分。

二是"三分法"。"三分法"有两种意见，一种是将量词分为名量词、动量词和形量词三种类型，以黎锦熙、刘世儒（1959/1962）的《汉语语法教材》、郭绍虞（1979）的《汉语语法修辞新探》和胡裕树（1979）的《现代汉语》为代表。"三分法"另一种观点是将量词分为名量词、动量词和复合量词（复合量词是复合的单位，大多是科学技术上的术语，是随着社会的发展根据新兴的构词规则产生的），以张志公（1981）的《现代汉语》和张万起（1981）的《试论现代汉语复合量词》为代表，郭先珍（1987）的《现代汉语量词手册》也将量词分为物量词、动量词和复合量词三类。

三是"多分法"，即直接将量词分为若干小类。如朱德熙

---

① 何杰：《现代汉语量词研究》，北京：民族出版社，2001年版，第29页。

(1982)在《语法讲义》中把量词分为"个体量词、集合量词、度量词、不定量词、临时量词、准量词、动量词"七类。吕叔湘（1981/2005）在《现代汉语八百词》中把量词分为"个体量词、集合量词、部分量词、容器量词、临时量词、度量量词、自主量词、动量词、复合量词"九类。赵元任（1979）在《汉语口语语法》中把量词分为"个体量词、集合量词、部分量词、容器量词、临时量词、度量衡量词、自主量词、动量词、复合量词"九类。何杰（2000）在《现代汉语量词研究》中把量词分为名量词、动量词、兼职量词和复合量词四类，并在每一类下面再分出若干小类。

尽管以上各家对量词的分类众说纷纭，但是我们可以发现，在把量词分为名（物）量词和动量词这一点上，各家都比较认同。因此，我们也可以认为，量词最主要的构成是名量词和动量词。以上各家的说法都有其合理性，但是也有不严谨之处，量词小类的划分更是值得细细研究，且还有不少需要探讨的问题。

三、量词的语法功能

与印欧语系不同，量词是汉藏语系最显著的特点之一。在唐宋以前，汉语量词的数量还不多，但经过一千多年的发展演变，很多具有指称作用的具体名词和动态动词经历了语法化过程，现代汉语的量词已经十分丰富了。

第一，量词可以被数词或数词短语修饰，这是量词最重要的语法功能。数词用在量词之前，后面接名词，构成"数词＋量词＋名词"的结构，这是量词最普遍的用法，如：

她把自己家中的衣物和一台电视（机）、一台热水器捐给了贫困山区,到临汾市妇联认领了5名失学女童,帮助她们完成9年义务教育。(《最美中国人 助人为乐》,《最美中国人》编委会编著,2015)

山海丹人为患者送去温暖,送去春风春雨,治愈了成千上万个患者,却从未收取过患者一瓶酒,一条烟,一件礼品,一个红包。(CCL语料库1995年《人民日报》)

特殊情况下,也有少数数量短语置于名词之后构成"名词+数词+量词"的情况,一般用于列举或者记账,例如"鸡一只""肉两斤""萝卜五根"等;也见于书面语色彩较浓的文章,或固定表达、加强语气的句段中,如:

作坊主只道是狐狸在作祟,请来道士、和尚,又是捉鬼又是诵经,总是没用,吓得工人们再也不敢做工了。作坊主没了办法,就在作坊门口贴了布告,说如能捉到这鬼,赏银子百两。(《惊险故事 雪人的秘密》,颜煦之主编,2013)

白馒头两个,玉米面窝头两个,我老婆子爱吃,枣糕一个,豆馅包子两个,明天周末孩子们可能来多买点,今天有烧饼吗?(《奔跑者的梦想》,《奔跑者的梦想》编委会著,2014)

他的行为在同民眼中很暴虐,如果有人被他怀疑了,那么只有死路一条。(《历史的问号》,丁奇编著,2016)

在"数词+量词+名词"的结构中,当数词是"一"时,"一"还可以省去,如:

每(一)间教室　　　来了(一)位新老师
买(一)件衣服　　　切(一)个西瓜
这(一)种看法　　　某(一)个同志

第二,量词与数词或数词短语直接组合时,构成"数词+量词+名词"的固定结构,中间一般不能插入其他词语,但是这种固定结构逐渐呈松散化倾向,中间可以加入一些别的成分(如"大""小""满""厚""长""整"等形容词),以使量词表达的量更加形象生动,如:

三大本书　　　　　五大箱珠宝
一小块饼干　　　　两小牙西瓜
一满杯酒　　　　　一满屋衣服
一厚本书　　　　　一厚摞资料
一长串糖葫芦　　　一长串鞭炮
一整年　　　　　　一整车货

第三,量词一般不能直接充当句法成分,只能和数词、名词、动词等共同充当句法成分,但量词的重叠形式除外(量词以单音节占多数,单音节量词一般都可以重叠使用,量词的重叠表示"每一"),如:

条条道路通罗马(作定语)
个个都是好汉(作主语)
白云朵朵(作谓语)
次次去他家都没找着他(作状语)

第四，量词一般不能再受数量词或数量词组的修饰。如在"一个小时""三个立方"中的"小时""立方"都应看作名词①，不能看作量词使用。

---

① 方绪军：《现代汉语实词》，上海：华东师范大学出版社，2000年版，第86、87页。

第二节　量词的搭配

一、量词与名词的搭配

量词与名词的搭配是量词运用中最常见的现象，表示事物单位的量词是物量词，又叫名量词，量词修饰名词的搭配是约定俗成的或是有规范的，并不是随意搭配，如"一头牛""一匹马"不能说成"一口马""一匹牛"。每种事物要用什么量词来搭配，必须按照一定的习惯，而这种搭配往往是有理据的，与人们的认知有关。

邵敬敏先生（1993）曾说过：一个名词可以有若干量词供其选择，形成量词选择群；一个量词也可以有若干名词供其选择，形成名词选择群，二者相互交叉，形成双向选择组合网络。[①] 在普通话中，量词不能直接修饰名词，它们一般要先与数词、数词短语或者别的词组合构成量词短语之后才能与名词组合。如"一本书""两三位老师""五朵花""这张纸"等，这些都是量词短语和名词组合而成的。一个名词前面的量词短语用什么量词不是唯一的，也不是随意的。比如，"花"前面的量词可以是"朵""棵""种""束"等量词，但是不能用"张""条""本""个"之类的量词。同样地，从量词的角度来看，一个量词与什么名词搭配也不是唯一的，也不是随意的。比如，"条"可以和"裤子""毛巾""路""项链"等组合，但

---

① 邵敬敏：《量词的语义分析及其与名词的双向选择》，载《中国语文》，1993年第3期。

是却不能和"小刀""桌子""礼物""树"等组合。可见,量词与名词之间的组合是互相选择的,量词与名词的搭配有一定理据,不是随意的。

其实,现代汉语中的名词数量庞大,而能与名词搭配的量词只有一百多个,这种数量差别也决定了名词和量词之间的搭配关系不可能是一一对应的。事实上,无论是从量词的角度还是从名词的角度来看,二者之间的关系都是一对多和多对一的。也就是说,一个量词可以和多个名词搭配,多个量词可以和一个名词搭配。例如,量词"块"可以和"木头""肥皂""砖""黑板""土地""糖"等多个名词搭配;名词"珍珠"可以和"粒""颗""枚""些"等多个量词搭配。

有些学者还尝试用名量词搭配表的方法来表现名词和量词之间的搭配组合关系。如吕叔湘先生(2005)主编的《现代汉语八百词》中有名词和量词的搭配表,何杰(2000)的《现代汉语量词研究》中也有名词、量词搭配表,这样的搭配表能规范名词和量词的组合,对外国学生学习汉语的量词也能起到积极的指导作用。

虽然从静态的角度看,一个名词可以和多个量词搭配,但是如果把这些量词和名词的搭配放到具体的语境中,量词与名词的搭配就会受到一定的限制,量词在具体的语境中又会呈现出唯一性。例如,孤立地看,"钞票"可以和"张""沓""捆"等组合,但是,在"桌上放了一____钞票,估计有上万块"中,空格处只能填"沓",不能说"张",也不能说"捆",因为用"张"和"捆"都不符合此处"上万块"的语义。因此,具体的量词和名词应该如何搭配最恰当,还应取决于上下文的语境和语义,量词的选择不是随意的,是有规范和制约的。

二、量词与动词的搭配

在普通话中，能与动词配合的量词相对较少。我们可以把这些量词叫作动量词，动量词即是表示动作单位的量词。常见的动量词有"次""回""下""番""把""通""气""阵""遍""趟""遭""场""顿""声""步"等，通常我们把这些动量词叫作"专用动量词"。在这些动量词中，"次"的使用范围最普遍，常与不同的动作行为搭配，如"来了两次""看了三次""见过一次"等。

与量词和名词的组合关系一样，量词与动词搭配的对应关系也是一对多和多对一的，如量词"下"可以用于多个动词，如"听一下""试一下""帮我一下""看一下""打扫一下""配合一下""招呼一下"等；量词"把"可以用在"拉我一把""扶一把""推他一把""抓一把""拽一把""摸一把""拧一把"等短语中；动词"看"可以用在"看一下""看一遍""看一次""看一回""看一阵"等短语中。

动量词与动词的搭配跟动词的类有一定联系，这种联系首先表现在不是所有的动词都能与动量词搭配，不能与动量词搭配的动词主要有如下几类。

1. 判断动词"是"；

2. 能愿动词，如"能""能够""愿意""可以""要""应该""敢""会"等；

3. 部分粘宾动词，如"属于""乐于""企图""归功""决意""含有"等；

4. 部分谓宾动词，如"认为""以为""值得""感到"等；

5. 粘状动词，如"为首""为主""自居""着想"等；

6. 其他一些动词，如"存在""在""具有"等。

这些不能与量词搭配的动词叫非量化动词，这些动词表示的动作行为是不能以量来计算的。与非量化动词相反，那些可以和量词搭配的动词叫可量化动词①，如"看""听""摸""跑"等，动作行为可以用量计算，如可以统计动作行为发生的次数等。

一个动量词通常可以与一群动词搭配，这一群动词就形成了一个大小不同的类别，相同类别的动词在语义特征上总有某些相似之处，不同类别的动词在语义特征上又总有一些区别。一个动词可以与不同的动量词配合，那是因为这个动词具有不同类别的语义特征。如"讲"既可以和"声"配合（"讲一声"），又可以和"遍"配合（"讲一遍"），就是因为"讲"既可以表示一个发出声音的行为，又可以表示一个可以重复进行的行为。一个动词往往具有多方面的语义特征，相应地，一个动词就往往可以配合多个动量词。一个动量词所能配合的一群动词，可以看作是动词的一个语义特征类别。

需要注意的是，物量词（名量词）和动量词不是截然区分的，有些量词既可以当物量词用作事物的单位，又可以当动量词用作动作行为的单位，如"阵"，既可以说"一阵风"，又可以说"哭了一阵"；"面"，既可以说"一面镜子"，又可以说"见了一面"；再如"顿"，既可以用作物量词（"吃了一顿饭"），又可以用作动量词（"打了他一顿"）。所以同一个量词

---

① 郭锐：《现代汉语词类研究》，北京：商务印书馆，2002年版，第201、202、203页。

可以既有物量词的用法,又有动量词的用法。

三、量词与形容词的搭配

量词修饰形容词的现象在汉语中一直存在,但是一直没有受到重视,甚至有些学者在研究中采取回避态度。在现有关于量词与形容词搭配的研究中,黎锦熙、刘世儒先生认为附加于形容词的量词是"形量词";郭绍虞先生(1979)认为"凡以形容词或形化的词为主,计算事物的形状程度之数量的是形量词"[①]。

量词与形容词的搭配在现代汉语中大量存在,比如"一身轻松""一脸无辜""一片荒凉""一抹红""两尺长""一阵冷/一阵热"等。实际上,不是所有的形容词都能被量词修饰,也不是所有的量词都可以与形容词搭配,它们之间呈现出一种双向选择的关系。

总的说来,量词一般只选择表颜色、量度、气氛、表情、心理状态等几个方面的形容词与之搭配,而且搭配时的侧重点也不相同。比如,和表示颜色的形容词搭配,量词可以是"片"和"抹"等,如"一片浅绿""一抹红";和表示重量、长度的形容词搭配,量词可以是"斤""尺""米"等表示重量或度量的单位,如"一斤重""两尺长""两米高"等;和表示气氛的形容词搭配,量词可以是"片""缕""派""团"等,如"一片萧条""一缕温馨""一派和谐""一团和气"等;和表示表情的形容词搭配,量词可以是"脸""眼"等,如"一

---

① 郭绍虞:《汉语语法修辞新探》(上册),北京:商务印书馆,1979年版,第278页。

脸羞涩""两眼迷茫"等；和表示心理状态的形容词搭配，量词可以是"丝""星儿""阵"等，如"一丝欣慰""一星儿惆怅""一阵高兴"等。和量词搭配的形容词大多是单音节或双音节的形容词，尤其是度量衡量词，它所选的形容词都限定在单音节上，如"一米长""一步远""两寸厚""五斤重""七丈高"等。其他受量词修饰的单音节形容词有"一团糟""一抱粗""一抹红""一身黑""一阵冷"等。

  什么样的量词可以修饰形容词呢？能够修饰形容词的量词一般都有一些特征，下面把这类量词的特征归纳如下。

  第一，此类量词的表量功能较弱，具有模糊义。说话者会根据社会交际的需要，从不同的角度对外界客体作量的切分，有的精确表量，有的约略表量，量词的模糊义就因此产生了。具体来说，量词的模糊义是指量词对表量对象所指称范围的边缘缺乏明确的界限，即外延划界不清，伸缩幅度较大，表量不确定。① 据考察，能够修饰形容词的量词除了度量量词能够准确表量外（度量量词指"斤""尺""米"等，如"一斤重""两尺长""三米高"等），其他量词都不能准确计量，只能根据性状的不同、程度的强弱、范围的大小等作一个大概的描述，因此其表量功能较弱，如"一丝失望""一片繁荣""一点光亮"等。"一丝"的程度到底应该是多少，"一片"又是多大的范围，"一点"究竟指什么程度，这些都是无法精确计算的，也是说不清楚的，而且这种计量是一种主观计量，即说话者根据主观感受所给出的一种量的描述，这种描述因人而异，主观性极强，不同的人也许会有截然不同的看法。

---

  ① 何杰：《现代汉语量词研究》，北京：民族出版社，2001年版，第125页。

第二，此类量词前的数词大多限定为"一"，且不能省略。量词与形容词搭配时的结构一般是"数词+量词+形容词"，而且这种结构中的数词有很强的限定性，大多为"一"，但量词与表示重量、长度等的形容词搭配时不受此局限。比如，我们说"一缕温馨""一片漆黑"，但我们不能说"两缕温馨""三片漆黑"，却能说"三两重""五米长"。其实，这也是由与形容词搭配的量词的模糊性特征决定的。因此，我们可以理解为量词的模糊性决定了表达者只能从宏观上描述某种状态的概貌，而无法在表达中细致地把这一状态再次进行分割计量，所以常用"一"概括这种笼统的宏观的量，如我们只能说"一团和气"，而不能说"两团和气"。

第三，此类量词富有形象色彩。正是量词的这种形象色彩，使得汉语的表达更加细腻，体现出语言独特的修辞效果。大多数修饰形容词的量词能够对客观事物的形态、色彩、心理等加以准确生动的描绘，能够把模糊、抽象、不可名状的形态、程度、范围等具体化，使之形象生动又明晰可感，从而使人们获得形象逼真的感觉，为表达增彩。例如，"一钩新月几疏星"，量词"钩"体现了月亮弯弯的形态特征，量词"疏"展现出星星零罗分布的状态，勾勒出一幅静谧唯美的画面，也留给人许多想象的空间。又比如，"一星浅绿"说明绿色很淡，若有若无，像天上的星星那样隐约可见。这样的量词使得语言表达的形象更为生动，展现出汉语的独特魅力。

第三节 量词的多维分析

一、从来源的角度看量词

量词是随着语言的发展逐渐丰富起来的,古汉语中量词很不发达,数词可以直接修饰名词,中间不需用量词,如"京中有善口技者。会宾客大宴,于厅事之东北角,施八尺屏障,口技人坐屏障中,一桌、一椅、一扇、一抚尺而已。"(张潮编选《虞初新志·秋声诗自序》)从来源上看,量词中的绝大部分是由名词演化而来的,也有一部分是由动词演化而来的,量词经历了语法化过程,它们的语法意义由它们本来的意义引申而来。在量词教学中,教师应适当地帮学生对量词追根溯源,加强学生对量词的理解和记忆。

比如量词"条",《说文解字》中解释为"条,小枝也"。《词源》的解释是:"①木名;②细长的树枝;③绳子;④泛指长条形物体;⑤长;⑥条理;⑦条款、项目;⑧通达。"从这些义项可以看出,大多数情况下,"条"是名词,根据这些意义特征,我们常说"条修叶贯"(枝长叶连,比喻有条理)以及"纸条""布条""面条儿""苗条""条例""条规""条文""有条不紊""井井有条"等。"条"转化为量词后,也处处体现了它的这些最初的意义特征,许多呈长条状的物体都可以与之搭配,如"一条树枝""一条街""一条绳子""一条小溪""一条带子""一条围巾""一条山脉""一条线""一条裤子""一条路""一条毯子"等。后来"条"还根据"条款、项目"这一意义特征的虚化而用来指分项的事物,如"一条妙计"

"一条方针""两条新闻""三条建议""四条消息""十条罪状"等。引申用于指人的时候，可以说"一条好汉"等。引申指一些抽象事物时，可以说"一条心"（指大家心意相同，想法一致，这来自于绳索的比喻），"一条人命"（生命像是延续的长条形状的事物）。有许多同"条"一样的量词，由名词转化为量词之后，既保持着原来的词义，同时词义又进一步虚化，用来计量许多从表面上看与原始词义并没有联系，但是在词的内部却有着渊源的事物。

又比如"张"，《说文解字》的解释是"张，施之弦也"，《词源》中解释为："①拉紧弓弦，开弓；②大，使强大；③展开，扩大；④陈设，打开；⑤设网捕捉。"从这些义项可以看出，"张"是动词，与这些意义特征相关的词有"一张一弛""虚张声势""张大其词""张罗""张贴""张口结舌""张灯结彩""张弓"等。因此，"张"转化为量词后，常常跟可以展开的、平面的、张开的事物搭配，如"一张弓""一张纸""一张铁板""一张桌子""一张床""一张脸""一张嘴""一张网"等。

由此可见，从量词的来源来看，不论一个量词转化前是名词还是动词，它的本义和派生意义都和其转化后的量词的使用范围有密切的联系，一个词的派生意义越多，转化后的量词的使用范围就越广。在教学中，针对这部分的内容，教师不妨在学生可以理解和接受的范围内对量词的来源略作介绍，让学生对该量词的用法有更深刻的了解。

二、从认知的角度看量词

这部分我们主要从认知的角度探讨物量词（名量词）和动

量词。其实,除了汉语以外,世界上的其他语言如日语、韩语中也有少量的量词,只是不及汉语中的量词那么丰富罢了。"量"是一个普遍存在于人类大脑中的认知范畴,在各个民族的各种语言中皆有共同的认知基础。从认知的角度看,人们对世界的认识分为对事物的认识和对过程的认识,量词在语言中的作用就体现为计量人们对事物与过程多少的认知。对事物的认识涉及对名量词的认知研究,对过程的认识涉及对动量词的认知研究。胡壮麟说:"人的认知过程首先是根据外部世界的自然形状区分范畴的。"[1]"人们对事物的认知结果和认知方式影响着名量词的选用。在名量词的语义中,蕴含着人们对事物的认知结果和认知方式。"[2] 由此,我们可以说,能被人直接纳入认知中量的范畴的物体,应该具有清晰的外部轮廓。而人类认知中最原始的数量观,就是建立在对这些具有明显外部轮廓的物体的认知之上的,这也是典型量词的特征,如"个""只""本"修饰的名词都具有清晰的界限。量词体现着人们对名词所指事物的认知方式,名词与哪个特定的量词搭配,是受社会和人们传统的认知方式、心理制约的。

而对于那些没有明显外部轮廓的物体,我们又如何去认知其"量"呢?我们可以根据物体对空间的占据方式把事物的外形特征分为两种——一种是事物的外形特征以占据平面的方式体现,另一种是事物的外形特征以占据空间的方式体现。相应地,人们对于实体形状的认知和计量的基础可以分别概况为"轮廓论"和"容器论"。"轮廓论"即是根据物体所占据空间

---

[1] 胡壮麟:《语言学教程》,北京:北京大学出版社,2004年版。
[2] 李艳:《现代汉语名量词的认知研究》,华东师范大学硕士学位论文,2006年。

的形状及大小所形成的一个有边缘的轮廓，用这样的轮廓来间接地描述不易直接描述的物体的形状。例如，"一身汗"中，"汗"本身不易被直接描述出形状，但是当汗从身上流出，就随着身体的形状占据了身体的表面空间，形成了一个可见的有边缘的轮廓，由此就可以借助形状间接地描述出"汗"的形状。第二种"容器论"即是根据所盛放的容器的大小形状来界定物体所占据空间的大小形状，用容器计量放置其中的物体的量。这种情况在汉语中非常常见，如"一杯水""一盘菜""两箱书"等都是这样的用法。

除了从事物的轮廓外观容量形成名量词的认知理据基础外，我们还可以从其最初来源的名词或动词来进一步认识名量词。个体量词在使用之初通常具有一定的理据性，因为它们大多来自理据性较强的名词或动词，在原词的基础上进行引申，形成量词的词汇意义。在使用中，个体量词凭借原词所隐含的性质、状态、外观、类别、等级等方面的自然特征，转而使被称量的名词在这些方面的特征得到凸显。如"口"，本指人体器官嘴巴，发展成量词后，先用于称量人，如"全县有五十万口人"，这在认知上显然具有直接的理据联系，后来又用于称量动物，因为动物和人一样有口，这种称量对象的扩大也是有理据的。由此引申扩大至一系列有"口"的事物，如"一口锅""一口井"。在语义引申初期，量词的理据关系还比较清楚，但是在引申的后期，随着量词使用范围的扩大，量词的语义理据就逐渐减少，甚至有的量词已经找不到与名词之间的关联了。

动量词是事物运动动态特征的反映。"动量"产生于运动，是事物运动所具有的特征，人们对于"动量"的认知要源于对事物动态过程的观察。在现代汉语中"动量"的表示是由"动量词"完成的。换言之,"动量词"是人们对"动量"的认知结果在语言中的投射,因此对"动量词"的研究应该从人们对于"动态过程"的认知入手。

"变化"是"动态过程"最重要的认知特征,当观察"动态过程"时,人们可以观察到处于这个过程中的相关事物的空间位置所发生的改变,还可以观察到相关事物的某些特征发生的改变。因此动态过程的认知特征表现为物体发生了位移或特征变化。比如"去一趟""拉一把""停一下"等都包含了发出动作的物体空间位置上的变化和特征的变化。人类的心理活动虽然不同于客观物体的运动,但是人类的心理活动同人类发出的动作之间是有共同点的:首先,这两者都具有过程性,而且这种过程内部都具有持续性;其次,这二者之间都具有"变化"这一认知特征;最后,二者的完成都依赖于人体。只是心理活动依赖的是人的大脑,而动作活动依赖身体的其他器官。这些相似性使人们很容易将二者看作同一。这种将相似的事物看作同一认知模式的过程即是隐喻。因此,心理活动与人体动作所具有的相似关系就为此二者形成认知上的隐喻提供了条件。如果在认知过程中,将某个心理活动隐喻成某个外部动作,那么那个外部动作所具有的特征便会通过隐喻机制转移到这个心理活动上去。心理活动正是通过隐喻这种认知模式,被赋予了"动量"这种本应属于外部动作的认知特征。因此,心理动词可以与动量词形成搭配,如"爱一次""爱护/爱惜一下""一阵担心""几回惦记""几次反对""同情一下""感谢一下""怀念一番""感受一下""数次感到""一度认为"等。

三、从语境的角度看量词

要正确使用量词，一定要注意量词出现的语境。语境也叫语言环境，一般指在语言运用中对话语有影响的情景、情况和关系等，包括前言后语和上下文的环境。构成语境的因素有两方面：一是主观语境因素，二是客观语境因素。[①] 二者都直接影响着词语的应用和对话语、篇章的理解。比如，当没有具体语境时，"人"既可以和量词"个"搭配，也可以和量词"口"搭配，可以说"有三口人"，也可以说"有三个人"。但是，在某些语境中只能选择其一，例如，"看！那边有两个人在打架"不能说成"看！那边有两口人在打架"，在比较严肃的场合询问家庭成员的情况时常常说"你家有几口人？"而不说"你家有几个人？"

因此，出现在话语、篇章中的量词是与语境紧密相连的，通常置于句中的量词有指示代词、代词、数词或者重叠的量词作为语境信息，而置于文章中的量词有前后语句、各种社会文化背景等作为语境信息，这些信息都暗示了所用量词的某种语义特征，提示了使用者对量词所进行的识别、筛选。

有时，当一个量词放在同一个句子中，会因为句子结构的不同而有不同的语义分析，这时就必须联系上下文语境，才能做出正确的理解。例如，"我已经看了一个小时了。"这句话中，"看"可以被理解成一个持续的动作，也可以被理解成一个已经完成的动作。因此，这句话可以有两种解释：一是"我已经看过了，一个小时之前看的"；二是"我还在看，从开始

[①] 黄伯荣、廖序东：《现代汉语》，北京：高等教育出版社，1991年版。

看到现在已经一个小时了"。同样的量"一个小时"和动词"看"的关系如果没有语境，就会产生歧义。

四、从修辞的角度看量词

量词具有独特的修辞作用，它是一种不寻常的表量搭配，元杂剧中的量词就常有修辞的功能，如无名氏《盆儿鬼》中："过一搭荒村小径，转几曲远浦浮槎。"用"搭"和"曲"形象生动、韵味无穷。

现代汉语中，量词的巧妙使用能创造出一个个优美、新奇、含蓄的意境，给人以生动、形象的感受。如"一叶扁舟"，"叶"既展现出小船如树叶一般的形态，又写出了小船轻浮水面，悠悠飘荡的状态。"一星渔火"的"星"让人感觉到小小的渔火闪烁不定，若有若无，也点缀出了夜色的朦胧。

关于咏月，人们常说"一弯新月""一轮明月""一钩弯月""一镰残月"等。正因为有了不同量词的修饰，才描绘出了新月如钩、明月如轮、残月如镰的不同月色之美，也体现了独特的意境，让人产生无限遐想。在文学作品中，量词的这种用法不但可以打破常规的搭配，而且更能表达出强烈的艺术气息和艺术感染力，如"撑一伞松荫庇护你睡""裁一带瀑布""回头，雪地里立着一株少女，水仙花似的"。这些量词的巧妙运用，无不体现出大师们的独到匠心。

量词的修辞作用除了可以生动地表现事物的形象美之外，还能表现出作者的爱憎、褒贬等感情色彩，如：

（1）一江离恨一江愁，流到南洋愁相结。（光未然《边海河畔》）

（2）这寡妇默然担起一肩不幸，走上渺茫的人生的路途。（师陀《受难者》）

（3）"美国博士几个子儿一枚？"（老舍《牺牲》）

（4）南街兴顺号杂货店门前的砖台阶上，站着一簇下堡寸的闺女。（柳青《创业史》）

（5）没办法，一进门，就跟上了一屁股小姐，个个脸上抹得跟猴屁股一样，这是什么鬼地方？（罗崚《南川游记》）

这些例句中，例（1）用"江"来修饰抽象的离恨和愁绪，让人感觉离愁别恨如滔滔江水那样深、那样多，伤感之情立刻传到读者心里；例（2）中将"一肩"加于"不幸"之前，给人以切身压迫的感性体验，使作者的同情之情跃然纸上；例（3）中，在老舍写作的那个年代，把博士论"枚"算，鄙视、嘲讽之情溢于言表；例（4）中，用本来与植物搭配的量词"簇"来形容少女，展示出一种清新之美，字里行间都吐露出掩饰不住的喜爱之情；例（5）中更是用"一屁股小姐"来表现出对那些女人的厌恶，也营造出了一种忍俊不禁的艺术氛围。

量词正是用这种打破常规的搭配，生动地突出事物特征，描绘自然界中的万千事物，传达出各种复杂的感情，启发人们无限的想象，产生强烈的感染力，展现语言之美。

第二章 新时期汉语量词演变考察

量词不仅随着语言的发展在数量上越来越多,而且随着社会的发展在使用上越来越多样。这里之所以把新时期汉语量词的演变进行单独分析,是因为改革开放以来,新事物、新现象、新观念层出不穷,致使新词语、新用法大量出现。表现在量词上,主要是和以往相比,其语义内涵更加丰富、搭配方式更加灵活。

第一节　新时期汉语量词演变研究现状

前述我们已经讨论过,量词的形成和使用是汉藏语系中一个非常独特的现象。量词在甲骨文中就已经零星出现,在先秦的文学作品中也有发现,今天,量词的数量已经达到了几百个。从种类上来说,这些量词从一开始的"度量衡量词"发展到近些年来逐渐增多的"复合量词";从应用上来说,其在教学和计算机方面的应用已经引起了人们对量词研究的广泛关注。

刁晏斌(1992)曾提出要对现代汉语的发展历程进行研究[①],而且在此基础上提出了"现代汉语史"的概念,并且把现代汉语史划分为三个发展阶段:1919年五四运动至1949年中华人民共和国成立,1949年中华人民共和国成立至1978年改革开放前夕,1978年改革开放到现在。[②] 笔者认为,从现代汉语史的观点来考察新时期(1978年到现在)汉语量词的使用状况,会发现量词的使用也发生了非常明显的变化,概括说来就是由简到繁。而之所以会发生这样的变化,是因为人们在量词使用中有两个不同的取向,即复旧和趋新。

蒋宗霞、张德岁(2006)也对1980年至2006年汉语量词的研究作了细致考察。[③] 他们认为可以以1996年为一个节点,

---

① 刁晏斌:《现代汉语历史发展研究的构想》,载《语言建设通讯》,1992年第36期。

② 刁晏斌:《当代汉语量词使用中的复旧与趋新现象》,载《辽东学院学报》,2006年第1期。

③ 蒋宗霞、张德岁:《汉语量词研究的历史回顾及未来研究的新取向》,载《淮南师范学院学报》,2006年第3期。

1996年以前的量词研究主要侧重于方言量词、古代典籍中的量词分析、量词的修辞功能、量词的语法结构等方面的分析；1996年以后的量词研究在以前的基础上又增加了从语义或语用的角度区分近义量词，从语义的角度考察量词的来源，从计算机应用的角度分析量词的分布规律，从教学和二语习得的角度考察量词的实际应用等。

周纯梅（2006）也认为1990年至2006年以来的量词研究呈现出一片繁荣景象[①]，并且把这一量词研究的活跃时期分为前后两个阶段：在前一阶段（1990—1996）中，不少学者从量词的分类、重叠和修辞色彩等方面对量词进行了研究，是量词动态研究的阶段；在后一阶段（1996—2006）中，语法学家们运用当时的先进理论和方法对量词进行了研究，是量词创新研究的阶段。

综上可见，新时期汉语量词研究具有自己的特点，已引起一些学者的关注，因此他们从各自的角度梳理了新时期汉语量词的发展状况。另外，还有一些学者对新时期量词的某些特点进行了探讨，或者对某类或个别量词进行了分析，其中不乏一些深入细致、见解独到的文章，在此我们略举一二。

刁晏斌（2006）认为，在当代汉语量词的使用中，表现出了非常明显的两个取向：复旧和趋新。而且二者各有自己的来源、机制和操作方法。复旧包括旧有量词的重新启用和旧有搭配形式的重新出现；趋新包括产生新的量词、弃旧用新或以新代旧、已有量词扩大意义和使用范围。虽然它们都有不同的途

---

① 周纯梅：《20世纪90年代以来的现代汉语量词研究综述》，载《湖北广播电视大学学报》，2006年第2期。

径和表现，但殊途同归，都是求新求变，追求陌生化的表达效果，也因此造成了量词内涵和用法的进一步多元化和丰富化。①另外，刁晏斌（2006）还从显现和潜藏两个角度分析了当代汉语中的新量词。量词的显现，包括新的量词小类的显现和新的量词个体的显现；量词的潜藏则包括由法定或规范造成的量词潜藏，由词汇替换造成的量词潜藏，以及由事物消失造成的量词潜藏。正是因为量词的显现和潜藏，量词才会出现"显—隐—显"的变化，而这也正是最具现代汉语史内涵的一种变化模式。②

曾柱（2010）注意到了近年来媒介平台中经常出现的用"枚"来修饰人的现象，并认为这种用法是汉语史上原来就有的，只是用例较少，因此在当代汉语中"枚"修饰人的用法其实并不新颖，应该算是复活。复活的原因之一是"网络"为其提供了复活的平台，二是其在历史上有过修饰人的用例，这是其复活的潜在因素。作者还认为，"枚"在当代汉语中除了能修饰人之外，还可以修饰其他事物，说明其修饰范围在进一步扩张。③

程国珍（2004）则意识到"抹"的量词用法不仅是对动词用法的借用，而且更重要的是它从动词"抹"的附加义发展而来。此外，"抹"作为量词在当代汉语中还有一些变异使用，即其不仅可以修饰形容词，而且在特殊语境下可以量化抽象事

---

① 刁晏斌：《当代汉语量词使用中的复旧与趋新现象》，载《辽东学院学报》，2006年第1期。
② 刁晏斌：《现代汉语量词的显现与潜藏》，载《辽东学院学报》，2006年第3期。
③ 曾柱：《"枚"的扩张》，载《语文建设》，2010年第10期。

物。但在这些情况下,"抹"的作用并不重于计量,而在凸显其描摹的修辞功能。①

刘雪芹(2001)发现了新兴量词"抽",认为其作为量词是从动词借用过来的,而且作者认为随着生产技术的进步,新的产品形式不断涌现,新的量词会不断产生。②

---

① 程国珍:《小议"抹"的量词用法》,载《辞书研究》,2004年第5期。
② 刘雪芹:《一个新兴的量词——抽》,载《语文建设》,2001年第2期。

第二节　新时期汉语量词演变的特点

本章第一节我们梳理了新时期汉语量词演变研究的现状。从中可以看出，新时期汉语量词的演变有其特点和规律，而对这些特点和规律的总结，也能间接明了新时期汉语量词更加丰富和多样的原因。

一、显著的范畴化

范畴就是事物的类别。范畴化即类别化，就是把不同的事物归为相应类别的过程。范畴本是静态的，是由中心成员和边缘成员构成的整体；而范畴化则是一个动态的过程，它不仅包括了中心成员和边缘成员，也包括边缘成员向中心成员的扩展，甚至非范畴成员向范畴成员扩展的途径和动因，这些因素一起构成了范畴化的整体。

我们认为，量词是具有范畴化功能的词类。关于量词的范畴化功能，有很多学者作过阐释。宗守云（2011）认为，量词的主要作用就是把各种各样不同的名词归为一类，对名词进行范畴化，这是量词的语义功能。范畴化是量词最主要的语义功能，是人类语言的共性。跨语言的研究表明，分类词是名词的范畴化手段之一，量词也属于分类词范畴，因此也必然要承担名词的范畴化功能。量词和名词所形成的选择共现关系正是量词范畴化的反映。[①] 当然也有学者对量词的范畴化功能提出了

[①] 宗守云：《量词范畴化的途径和动因》，载《上海师范大学学报》（哲学社会科学版），2011年第3期。

质疑,如刘丹青(2008)从"质"的角度认为汉语量词的范畴化功能很弱,"即使从形状量词角度给名词归类,也会出现很怪的结果,如在'条'字下有'绳子、毛巾、围巾、肥皂(早先的洗衣皂)、腿、蛇、鱼(包括鳊鱼、鳐鱼这种毫无条状的鱼类①)、狗、心(如两人一条心)、新闻、规定、短消息'等;另一方面,'狗'和许多与之相近相关的动物倒未必共享量词,如'狼、狐狸'或'猫、猪、猴子、兔子'。很难设想可以在此基础上构建真实反映汉语人群认知系统的名词类别系统"②。但是,我们不能因为存在的这些现象而否定汉语量词的范畴化功能。因为语言是一种具有内部规律性的东西,一个量词所选择的名词看起来是毫不相干的,但肯定不是随意的,它们之间一定有着某种联系,这种联系可以通过转喻、隐喻、引申等方式实现,从而使得这些事物可以归属于同一范畴。另外,很多名词不能通过量词来实现分类,只能说明量词不是名词范畴化的唯一手段,但不能因此而否定量词的范畴化功能。

新时期以来,新事物和新现象不断涌现,语用主体在诸多社会新质因素的刺激下对量词的使用面临两个选择:一是使用旧量词来类别化新的事物现象,旧量词的内涵扩大,结果是表达成本低,理解成本高;二是创造新量词来类别化新的事物现象,最终导致表达成本高,理解成本也高。在这种情况下,前者无疑是最佳选择,因此也导致了新时期以来量词使用上的异化现象。这种异化就是某些量词的范畴化功能明显增强,如个、条、只、张、粒、颗、台、部、枚、坨、轮、顿、款等,

---

① 原文如此,应理解为"包括鳊鱼、鳐鱼这些不呈条状的鱼类"。
② 刘丹青:《语法调查研究手册》,上海:上海外语教育出版社,2008年版,第342页。

它们把更多名词涵括到自己的范畴中来,依靠的正是范畴中的家族相似性。所谓家族相似性,是指范畴内部的成员间共享部分共同属性,就像家族内部成员间在形态特征上彼此相像一样,如果事物之间具有某种相似性,就可归为一个范畴。下面以量词"坨"为例来看一下新时期以来它是如何增强自己的范畴化功能的。"坨"本来为名词,在《现代汉语词典》(第7版)中"坨"有两个释义:(1)面食煮熟后粘在一块儿:面条儿坨了。(2)坨子:粉坨儿、蜡坨儿。① 在《汉语大词典》中"坨"有四个释义:(1)堆;团。元贯云石《粉蝶儿》套曲:"密匝匝那一坨,疏剌剌这几窝。"(2)俗称海中沙洲。(3)面食煮熟后粘结成一块。如:饺子坨了。(4)地名用字。如:河北省有王庆坨。② 虽然在《现代汉语词典》中并没有出现"坨"的量词释义,但我们不能否认其在语言生活中的量词用法。卢鑫莹(2012)曾使用北京大学汉语言中心语料库现代汉语库对"坨"的量词用法进行搜索,得出量词"坨"共36例;然后又在百度搜索引擎中用"一坨"进行搜索,出现76页搜索页面,对每个页面中随机抽取3个用例,整理后得到188个有效使用实例。③ 我们也仿效作者的方法,用"一坨"在百度搜索引擎中进行搜索,补充出"坨"的量词用法16例,再结合作者用两种方法对"坨"的量词用法的归纳分析,总结得出个体量词"坨"可以修饰的名词性成分包括三种类型:一是具

---

① 中国社会科学院语言研究所词典编辑室:《现代汉语词典》(第7版),北京:商务印书馆,2016年版。
② 《汉语大词典》编委会:《汉语大词典》,上海:汉语大词典出版社,2000年版。
③ 卢鑫莹:《汉语个体量词异化使用的多元认知分析》,载《洛阳师范学院学报》,2012年第1期。

体事物，如"棉花、牛粪、石像、沙子、姜、云、鼻涕、面条、黑点、乱炖、卫生纸"等；二是抽象事物，如"笑话、电影、问题、安利、游戏、脏话、故事"等；三是有生命物体，如"少女、妹纸、美男、猫咪、骗子、网友"等。从中我们可以看出，这些名词性成分作为"坨"量词范畴的成员，其内部存在较大的差异，但它们都可以被"坨"修饰，从而形成一个整体的"坨"范畴。我们可以这样解释，尽管棉花、石像、笑话、电影、妹纸①、猫咪等在客观属性上分属不同范畴，但通过语用主体的主观认知，发现这些事物外形上的"成块、成堆或成团"的特征非常明显，进而彼此间也就具有了家族相似性，可以被范畴化为同一类事物，能够被量词"坨"计量。而这些用例绝大部分都是新时期以来产生的，可见"坨"作为量词的范畴化功能明显增强。另外，《辞源》中对"坨"的释义为：露天堆积的盐堆。② 我们可以视其为"坨"的原型范畴，由此推出，第一组名词是"坨"范畴的中心成员，第二组和第三组的名词是由"坨"范畴的中心向边缘拓展后发展出的成员。也就是说，第一组的具体物"棉花、石像、沙子"等最具"成块、成堆或成团"的特征，在语用主体的认知中最容易被以"坨"来计量，而"笑话、电影、问题"等用"坨"来计量则是范畴扩展的结果，因为这些事物本身并不具备一定的外形特征，语用主体无意或有意地以一种隐喻的认知方式对其添加了外形特征，使这些事物具象化，这样"坨"就由具象范畴扩展到了抽象范畴。而"妹纸、美男、猫咪"等具有生命特征的

---

① 网络流行语，由"妹子"演化而来，指年轻的女孩儿。
② 商务印书馆编辑部：《辞源（修订本）》（第一册），北京：商务印书馆，1998年版。

事物，本来它们就有相对应的量词来修饰，如"一位妹纸""一个美男""一只猫咪"等，这里之所以也用"坨"来计量，是为了突出这些事物的外形特征，带有很强烈的诙谐色彩，当然也间接拓展了"坨"的量词范畴（这些用法一般只存在于网络用语中）。那么我们就可以将第一组名词视作量词"坨"的基本层次范畴，第二组和第三组名词就是在第一组基本层次范畴层面上向下扩展的结果。

综上可见，人们认识事物，不是孤立地一个一个进行的，而是一类一类地去认识的，量词就是汉语使用者为许许多多的名词性成分归类的方式之一，或者说量词就是名词范畴化的一种方式，因此导致了汉语量词的丰富性。但量词的范畴化功能还有一个作用，就是使汉语言系统中的量词数量维持在一个合适的范围，因为如果量词无限制地发展，就势必增加交际负担，进而影响人们之间的信息传递和情感表达，所以量词的范畴化可以避免每个名词性成分都使用不同的量词。

二、广泛的修辞性

量词具有修辞的表达效果是汉文化底蕴丰富的表现。正如王希杰（1992）所说，"汉语的量词是汉语艺术美的重要的手段。选择好量词往往能够给人以丰富的优美的诗情画意。"[①]量词的修辞性，关于这一点在第一章的第五小节已有论述，但这种特点在新时期以来有了进一步泛化的趋势。在改革开放以来出版的各种文学作品中，用量词做比喻、比拟、借代、夸

[①] 王希杰：《这就是汉语》，北京：北京语言学院出版社，1992年版，第191页。

张、通感等的用法屡见不鲜，使得表达效果更加鲜明、灵动，富有创造力和感情色彩。

第一，用作比喻。用量词来比喻是新时期以来把常规量词或名词进行变异使用的一种最常见的方法。因为汉语中的很多量词本身就具有形体特征，因此把一些量词或名词用来计量事物，可以增强事物的形象性。因此用量词做比喻是指用表示某种事物形象的词作计量该事物的量词，从而做到不用喻词就能对该事物作具体而生动的比喻，使抽象的事物变得具体形象，使有形的事物更加生动鲜明。如：

(1) 从树林的枝桠间看见，一镜圆月正是在山顶的碧空。(周同宾《天籁》)

(2) 只要，只要，只要一个微笑。初春，硬土中一针绿草。雨停，云隙里一缕斜照。(刘心武《一个微笑》)

(3) 一扇扇的大红蝴蝶早就从如今这黑瀑布——大波浪卷发上飞离了。(孔捷生《南方的岸》)

(4) 不到一刻钟，便见沧波万里，银光如泻，一九冷月，傲视天空。(陈衡哲《再游北戴河》)

(5) 灰蒙蒙的天空，飘洒着细柔柔的雨，叩醒了九月季节里的那一株寒意，于是寒蝉不再哭泣，尤加利、木麻黄皆缀上了晶莹的雨珠，祭悼它的衰老。(邓荣坤《秋雨》)

以上（1）至（5）的例子中，"一镜圆月""一针绿草""一缕斜照""一扇扇的大红蝴蝶""一丸冷月""一株寒意"都是量词的比喻用法。量词的这种比喻用法可以用"数词＋量词（喻体）＋名词（本体）"这一格式来表达。其中，量词既作为计量单位而起到语法作用，又作为喻体来喻本体，有"像……一样"的意思。也就是说，甲乙两种事物之间具有某种相似点，通过把乙事物比喻成甲事物，从而把计量甲事物的量词临时用于修饰乙事物。因此例（1）中的"一镜圆月"是指用"镜"作"圆月"的量词，是说"圆月像镜子一样"；例（2）中的"一针绿草"是指用"针"作"绿草"的量词，是说"绿草像针一样"，"一缕斜照"是用"缕"①作"斜照"的量词，是说"斜照像缕一样"；例（3）中的"一扇扇的大红蝴蝶"是指用"扇"作"蝴蝶"的量词，是说"蝴蝶像扇子一样"；例（4）中的"一丸冷月"是指用"丸"作"冷月"的量词，是说"冷月像药丸一样"；例（5）中的"一株寒意"是指用"株"作"寒意"的量词，是暗中把"寒意"比作"秋季的植物"。因为这种比喻用法把量词所表示的事物和其后名词所表示的事物巧妙地联系在了一起，所以就很容易使读者产生丰富的想象，从而在眼前勾勒出生动具体的画面，产生一种特殊的美感。因此，这种量词的比喻用法词简意丰，在比喻格中最经济、简练、明快，新时期以来量词的这种用法也泛化得最快。

第二，用作比拟。用量词来比拟也是新时期量词变异使用的一种比较常见的方式。"比拟"，即"利用心理联想机制，把

---

① 本义是"麻线"的意思。

甲事物当作乙事物来描写"①。比拟和比喻很相似，比拟是把两个事物进行类比，不是很重视相似性，但比喻特别强调两个本质不同的事物之间具有某种相似之处。用量词来作比拟，是因为量词适用的对象多是有规定的，但是为了加强修辞效果，有时会把适用于具体、实在事物的量词用在抽象事物上，使抽象事物具体化。这样就可以化虚为实，从而使人、事物或景物更加鲜活、形象，给人以实在、新鲜、奇特的感觉，并可以增强表达的感情色彩，如：

（6）灾难斑驳的色彩/一扇扇异样的苍凉（周淑兰《蝴蝶　蝴蝶》，载《诗刊》1997/1）

（7）平凡单调的生活经这复眼摄入遂变得斑斓奇异，一片一片的缤纷，一簇一簇的旖旎。（徐芸《夜夜植梦》，载《散文》1994/8）

（8）我的喝茶，单重一个"喝"字，虽偶尔也来点"泡一杯浅绿，泡一杯散淡，泡一杯悠闲"的句子，然落到实处，还是那个字——喝。（魏德胜《喝茶》，载《散文》2000/5）

（9）你老姨夫一般总是用行动领导群众，关怀群众，可那不叫没言没语，那叫做一个好样子胜过一打儿号召，那叫干出一个暖人心的事强于一车好话。（刘亚舟《男婚

---

① 王希杰：《汉语修辞学》（第三版），北京：商务印书馆，2014年版，第402页。

女嫁》)

（10）这么老大一个县，这么老大一摊事业，这么复杂的情况，该县委书记左遮右挡招架的，前思后想考虑的，海啦！（刘亚舟《男婚女嫁》）

以上（6）至（10）例中，"一扇扇苍凉""一片缤纷""一簇旖旎""一杯浅绿""一杯散淡""一杯悠闲""一打儿号召""一摊事业"等都为量词的比拟用法。例（6）中的"苍凉"本是虚无的，抓不到、看不着，用"扇"来量化"苍凉"，使得它有了实在的质感，更能表达出灾难的沉重；例（7）中的"缤纷"和"旖旎"也是非常缥渺虚无的事物，前者多用来形容色彩，后者多用于形容姿态，用"片"来计量"缤纷"，用"簇"来计量"旖旎"，使各种"色彩"和"姿态"有了具体可感的外部特征，在表达上更加新奇；例（8）有些复杂，先引出"喝茶"，然后直接用计量茶水的量词"杯"来计量茶水的颜色"浅绿"，以事物的特征代指事物本身，属于借代，在这个前提下，再把"杯"拿来计量喝茶时候的心情"散淡"和"悠闲"，使虚幻的情绪可见、可感；例（9）"一打儿号召"中的"打儿"本是集合量词，十二个为一打，一般用于盒装的具体物件，如"一打儿铅笔"等。而"号召"是动词，表示一种动作，这里用"打儿"来计量"号召"，使人们看不见、摸不着的"号召"具体化、形象化，而且描绘出了号召之多，多到要用"打儿"来计算的程度，让人觉得很生动、俏皮；而例（10）"一摊事业"中的"摊"是部分量词，多用于摆成摊子的东西，如"一摊货物""一摊水果"等，成摊的东西当然是摸得着、看得见的，而用"摊"来计量表抽象事物的"事业"，使得"事业"就有了展现于读者眼前的形状，给人生动、形象之感。从以上五例可以看出，量词的比拟用法也可以被看作是一种广泛的比喻，但它更是一种移情寓意的表达。

第三，用作夸张。用量词来夸张在新时期也是把常规量词或名词进行变异使用的一种比较常见的方法。所谓"夸张"，就是"故意言过其实，或夸大事实，或缩小事实，目的是让对方对于说写者所要表达的内容有一个更深刻的印象"①。从对"夸张"的定义可以看出，用量词来作夸张的基本特点是有意以量词对客观事物言过其实，目的是突出或强调客观事物的特征，给读者以鲜明深刻的印象，如：

(11) 树的枝桠是伸开的手指夹着一粒巢，夹着一粒家。(张绍民《巢》，载《诗刊》1996/12)

(12) 有一次他在睡觉，我闲着没事戴他放在桌上的眼镜玩，发现这是一架平光镜。(王朔《玩儿的就是心跳》)

(13) 历年的游历，我深深感到只有宇宙，才是大块文章，才是真正的大手笔，我们自己写的，充其量不过是一滴浪花而已。(冯其庸《〈夜雨集〉序》，载《散文》1999/1)

(14) 一栋鸟巢其实是一枚时间的切片/你会听到水在

---

① 王希杰：《汉语修辞学》(第三版)，北京：商务印书馆，2014年版，第354页。

骨头上流过的声音（何香久《当唢呐带走冥想中的光芒》，载《诗刊》2001/10）

（15）我在不断的爆炸声中走进一排哈哈镜……最后，我的头象一头充了氦的气球，圆大、飘荡起来。（王朔《我是狼》）

以上（11）至（15）例中，"一粒巢""一粒家""一架平光镜""一滴浪花""一栋鸟巢""一头气球"等都是量词的夸张用法。例（11）"一粒巢"中的"粒"本义为"米粒"之意，后引申为米粒一样大小的物体，这里用其来计量"巢穴"，显然是对"巢穴"的故意缩小。"一粒家"中的"粒"同样也是有意缩小的用法；例（12）"一架平光镜"中的"架"作为量词多用于"有支柱的或机械的东西"，但一般是较大的物体，如飞机、大炮、钢琴等，这里用来计量"眼镜"，可以看出是故意缩小的用法；例（13）中"一滴浪花"中的"滴"本来也是用来计量体积很小的液体，这里用于计量"浪花"，也是故意在缩小浪花的形体，用"一滴浪花"来隐喻"个人的文章"，是用来表明在"宇宙"面前，即使是"鸿篇巨著"，也只不过是沧海一粟，从而显示出宇宙的宏大和广博；而例（14）"一栋鸟巢"中的"栋"本来是指"房梁"，后来用来计量房屋，如"一栋高楼"等，这里用来计量"鸟巢"，显然是对"鸟巢"的故意夸大，使诗的意境更加虚灵；例（15）"一头气球"中的"头"本来用来计量体积较大的动物，如"猪""牛""大象"等，而用"头"来计量"气球"是明显的夸大，意在表现文章中的"我"一种头重脚轻、昏昏沉沉的特别感受。从以上五例可以看出，量词的夸张用法虽然是一种明显的夸大或缩小,但给人的感觉却是真实的,能够唤起读者丰富的想象,给人以难忘的印象。

第四,用作借代。用量词来借代也是新时期常见的把常规量词或名词进行变异使用的方法之一。借代本是一种比较传统的修辞手法,在古诗文中很常见。如白居易《长恨歌》中的一句:"汉皇重色思倾国,御宇多年求不得。"其中用"倾国"来代指"绝色女子",就是典型的借代。因此所谓"借代",就是"借彼代此,不用人或事物的本来名称,借用同它具有相关关系的人或事物的名称来称呼它"[①]。借代和比喻不同,借代的本体和代体之间是相关关系,而比喻的本体和喻体之间是相似关系;借代只出现代体,本体不出现,而比喻的本体和喻体可以同时出现。因此量词的借代,是指汉语中不少量词是由事物的特征、性质、材料、工具、产地、颜色等转借过来的,不用一般的量词,而是代之以与之相关的事物或特征等,可以使所描写的人或物的特征更加突出,形象感更强,更容易产生生动逼真的艺术效果,如:

(16)等到了夏天,它将会爬上窗户,赠我一篷浓浓的绿。(刁永泉《一株葡萄》,载《散文》1993/9)

(17)湖边,掬起一汪清凉,便觉沁人肺腑。(曾建明《邛海的思绪》,载《散文》1994/5)

(18)终于,一树浓绿将这三层的小楼都遮去了,我

[①] 王希杰:《汉语修辞学》(第三版),北京:商务印书馆,2014年版,第408页。

的书窗便是一方碧绿。(五稼句《〈栎下居书话〉自序》,载《散文》1999/3)

(19) 根,在故乡的地壤里,叶萌叶凋,自有年轮记录它一圈圈独异的经历。(李耕《跋涉之季》,载《散文》1999/10)

(20) 眼前的江水已是一带让人心痛的浊黄。(王芸《沧桑看水》,载《散文》2000/2)

以上(16)至(20)例子中,"一篷绿""一汪清凉""一方碧绿""一圈圈经历""一带浊黄"等都是量词的借代用法。例(16)"一篷绿"中的"篷"本义为"蒿",后来引申为量词来计量花草树木,而本例中却直接用"篷"来修饰葡萄的颜色"绿",属于用颜色来转指;例(17)"一汪清凉"中的"汪"本指"广而深",用作量词时多用于计量水,如"一汪泉水",而这里被用来修饰湖水给人的触感"清凉",属于用特征来转指;例(18)"一方碧绿"中的"方"用作量词时常用于计量"方形的东西",如"一方手帕、三方图章"等,这里用表示形体的"方"来计量投射在书窗上的树的阴影,而"碧绿"是阴影的颜色,也属于用颜色来转指;例(19)"一圈圈经历"中,"圈"本来是指年轮,因为树木的一圈代表一个年轮,年轮要经过时间的打磨才能形成,而时间恰恰和经历有关,所以用"圈"来形容"经历",属于用性质转指;例(20)"一带浊黄"中则是用计量江水的量词"带"直接修饰江水的颜色"浊黄",也属于用颜色转指。从以上五例中可见,量词的借代用法主要强调的是量词所修饰的名词多为事物的某种特征,这样就使表达更加形象具体、生动活泼。

第五，用作通感。用量词来通感也是新时期量词变异使用的一种较常见的方式。通感，是钱锺书提出的一种修辞手法，它和比喻的关系非常密切，或者说它一定要靠比喻来表现，但是又比比喻更能产生艺术效果。用量词来通感是指，人的感官本来是各司其职的，一定的对象由相应的感官去感知，但量词介入后，就可以使感觉移位，即视觉、听觉、嗅觉、味觉、触觉等相通或彼此打通，给读者以神思驰骋和再创造的空间，这自然而然也就非常隐蔽而且巧妙地起到了耐人寻味的表达效果，如：

(21) 你总是伫立着像一炬火/直到飘落最后一瓣冷香（刘征《秋天的荷花》，载《诗刊》1998/6）

(22) 丰满的草籽/该是风儿滴落的又一粒疼痛（黄葵《风的伤疤》，《2000年中国最佳抒情诗》，书海出版社，2001）

(23) 十五的月夜/站在九楼的阳台上/撒网/打捞故乡/一网犬吠/一网笛声/网网乡音/好重（傅智祥《打捞故乡》，载《诗刊》2000/12）

(24) 不禁悲从中来，泪从心出，一缕怀乡的病痛就在低头的一瞬，爬上了心间。（瘦谷《井》，载《散文》1994/7）

(25) 我披着蓑衣认识清明的主团子/认识怀网的手势/

我随手抓一把燕子的呢喃/这擦也擦不干的江南警句（李浔《又见江南》，载《诗刊》1993/9）

以上（21）至（25）例中，"一瓣冷香""一粒疼痛""一网犬吠""一网笛声""一缕病痛""一把呢喃"等都是量词的通感用法。例（21）"一瓣冷香"中的量词"瓣"多用于花瓣、叶子、果实的小块儿或某些物体自然地分开或破碎后的部分，如"一瓣苹果"等，都属于具体的事物，可摸可见，是诉诸视觉的，在本例中把"瓣"移用于"冷香"，打通了视觉和嗅觉，使似乎无形的香味也可视可摸，具体可感地表现出荷花清幽淡雅的个性；例（22）"一粒疼痛"中的量词"粒"常用于"小而圆"或"小而碎"的具体事物，如"一粒米、一粒药"等，也是诉诸视觉的，本例中移用到"疼痛"，沟通了视觉和痛觉，仿佛无形的疼痛也有了形体，可见可摸，表现出草籽的饱满和风的强劲；例（23）"一网犬吠""一网笛声"中的"网"本为名词，也可以作为临时量词，如"一网鱼"等，搭配的对象应为具体的实物，诉诸视觉，但该例中却把"网"移用于"犬吠"和"笛声"，打通了视觉和听觉，好像无形的声音也可见可触可摸，这样就更加表现出思乡之情的真切和深重；例（24）"一缕病痛"中的"缕"本来是具体事物纱、线、丝、发等的量词，用于视觉，该例中却移用到"病痛"，联通了视觉和痛觉，仿佛隐遁无形的"怀乡的病痛"也有了真切的质感，可见可摸，而实际上，思乡的人更加可怜可叹；例（25）"一把呢喃"中的"把"作为量词，可以指"一手能抓起的数量"，如"一把土、一把花"等具体事物，是用于视觉的，而该例中却移用到了"呢喃"前，沟通了视觉和听觉，使无形的声音具有了可以手握的质感，生动表现出燕子叫声的清脆动听。从以上五例可见，量词的通感用法主要强调的是使读者在各种感觉的联通中获得不一样的感受，作品的意象也由此显得具体、别致、新颖，令人回味无穷。

综上所述，新时期以来量词的修辞作用主要表现在以上五个方面。这五个方面并非孤立、不相容的，有些量词的运用往往兼有多种修辞功能。如"一头气球"既是比喻又是夸张，"一瓣冷香"是通感和比喻融为了一体。另外，同一个量词在不同的语言环境中其修辞作用也不同，如量词"粒"适用于"小而圆或碎"的东西，在"一粒巢"中起夸张作用，在"一粒疼痛"中则起通感作用。量词的修辞作用在新时期以来越来越泛化，虽然它在汉语的词汇系统中还不及名词、动词、形容词重要，但对于我们的表情达意，往往起着不可忽视的积极作用。

三、强大的通用性

新时期汉语量词的通用性更加强大。这可以从两个角度解释：时间上的通用和空间上的通用。从时间上来说，一些常规量词出现了变异使用，这种变异使用大部分是临时性的，但也有一小部分的变异使用已经具有了普遍性；从空间上来说，一些方言量词进入了普通话，这不仅充实了普通话词汇，而且也为普通话量词的使用带来了新的活力因素。

（一）时间上的通用

新时期量词时间上的通用性，前述已经说明分为两小类：临时性通用和普遍性通用。首先来看临时性通用量词。这种临时性通用是和量词的常规使用相对而言的，指的是用同一量词作为计量单位或计量方法来表示不同的事物。这种通用量词都是在特定的语境下使用的,具有很大的临时性,一般离开了当时的语境其用法就会很难成立,而且通常附带较强的表达效果。也就是说,这种临时性通用量词的使用具有很大的偶然性,什么量词修饰何种事物是偶发的,因此也就造成同一个量词可以计量不同的事物,相同的事物也可以用不同的量词来修饰,如:

(26) 遐思中,从无人的河边走过,撷一朵浪漫的黄昏。(周勤《醒来之时》,载《散文》1996/5)

(27) 采一朵古典的媚笑,得一袭幽香,然后丢弃。(周蓬桦《红莲处处》,载《散文》1993/1)

(28) 那雨点粗又大,砸在地下啪啪作响起,溅起一朵朵灰尘。(徐成淼《少年穿过广场》,载《散文》2002/9)

(29) 他自称是个"幸存者",是一朵纸屑,被火药熏黑的纸屑。(王朔《玩的就是心跳》)

以上(26)到(29)例中,"一朵黄昏""一朵媚笑""一朵朵尘埃""一朵纸屑"都是以"朵"为量词,但却计量了不同的事物"黄昏""媚笑""尘埃""纸屑"。"朵"本为常规量词,多用于计量"花朵和云彩或像花和云彩的东西"[①],如一朵鲜花、几朵白云、朵朵浪花等。但在以上四例中,却用"朵"临时计量了"黄昏""媚笑""灰尘""纸屑",其中"黄

---

① 中国社会科学院语言研究所词典编辑室:《现代汉语词典》(第7版),北京:商务印书馆,2016年版。

昏"和"媚笑"都是抽象事物，而且都被寄予了美好的想象，这从"黄昏"的修饰词"浪漫"和"媚笑"的修饰词"古典"中可见一斑；而"灰尘"和"纸屑"则都为具体事物，"灰尘"细小且肉眼难见，"纸屑"零落细碎，都不像花或云朵的样子，而这里用"朵"来计量，前者说明雨所溅起的尘埃之大，从侧面说明了雨急且猛，后者把"自己"比喻成"纸屑"，则是一种无奈的自嘲，可见都不是什么美好的事物。从以上四例中可以看出，"朵"作为临时量词，既可以计量具体事物，又可以计量抽象事物，而所表达的感情随语境而定。另外，相同的事物也可以用不同的量词来表达，如：

（30）譬如城市的人久住鸽子笼的房屋，一旦置身旷野或萧闲的庭院中，乍见到放眼生辉的一泓满月。（俞平伯《眠月》）

（31）从窗缝漏进一滴月光，洗亮你的眼睛。（傅天琳《晨》）

（32）一盏巨大明月／静静悬在眼前（王鸣久《悬停的方舟》，载《诗刊》1999/12）

（33）月初的一镰月撒下淡淡的余辉。（阿来《猎鹿人的故事》）

（34）她玉立沙上／宛似一柱月光（胡香《月光女子》，载《诗刊》1997/2）

（35）一掬月色，透着水一样的薄质。（骆风铃《送你

一双眼睛》，载《散文》1997/10）

（36）退休了/不养鸟不养花/阳台上/摆一缸清水/养一尾白白胖胖忽扁忽圆的月亮（宫玺《晚景》，载《诗刊》2000/11）

以上（30）到（36）例中，"一泓满月""一滴月光""一盏明月""一镰月""一柱月光""一掬月色""一尾月亮"中的量词都不同，分别为"泓""滴""盏""镰""柱""掬""尾"，但都是修饰相同的事物"月亮"的，却体现了月亮不同方面的特征："泓""盏""尾"偏重于强调月亮的整体，"镰"偏重于强调月亮的部分，"滴""柱""掬"则侧重于强调月亮的光芒。从以上七例可以看出，同一事物"月亮"可以用不同的量词来修饰，而不同的量词又表现出"月亮"不同的特点，给读者以各式各样的联想和想象，而这些联想或想象只有在特定的语境下才能实现。

另外，从时间上来说，一小部分常规量词的变异使用在新时期已经具有了普遍性，得到了广大语用主体的基本认同，通用性大大增强。如"缕"，其原始义本指"线"，为名词，如"千丝万缕""金缕玉衣"等，后因"缕"的形象义而产生联想而演变为量词，多用来计量毛发或织物的细线等，如"一缕纱""几缕头发"等。除此之外，还可以计量某些模糊状事物，如"一缕炊烟""几缕血痕"等。可见，"缕"所修饰的事物范围逐渐扩大，可以清晰可见，也可以模糊无形，但终归还是一些具体事物。新时期以来，量词"缕"所搭配的事物范围继续扩大，由具象事物发展到了抽象事物，并且这种变异使用已经具有了一定的普遍性，如：

(37) 然而,每当夜阑人静之际,总有一缕缕时隐时现的忧怨在折磨着我,落寞惆怅压迫着我的心。(胡辛《四个四十岁的女人》)

(38) 不禁悲从中来,泪从心出,一缕怀乡的病痛就在低头的一瞬,爬上了心间。(瘦谷《井》,载《散文》1994/7)

(39) 蒙古草原刮过大梁便叫辽西风,或许是经过梁顶那绿色枝子的梳理,风中便有了一缕涩辣的情。(刘家声《辽西风情》,载《散文》1992/7)

(40) 在有太阳的白日/你随我走来走去——/似一缕悄悄的抚慰(梅洁《影子》,载《诗刊》1992/1)

从以上四例可以看出,量词"缕"所修饰的"忧怨""病痛""情""抚慰"都为抽象事物,不可摸不可见,而且多和心理情感有关。还值得注意的是,在以上四例中量词"缕"和抽象名词之间都有修饰语,是形容抽象名词的。如例(37)中"时隐时现的"修饰"忧怨",例(38)中"怀乡的"修饰"病痛",例(39)中"涩辣的"修饰"情",例(40)中"悄悄的"修饰"抚慰"。可见,正是因为抽象事物的无状无形,才用一些修饰限定成分,使之多些具体可感的意味,以有助于读者的联想和想象。

综上所述,我们从时间的角度,探讨了新时期的某些常规量词出现了一些变异使用,有些变异是临时的,更多的是表现出了一定的修辞效果;有些变异是普遍的,从某种角度来说也具有了常规性。这些量词在使用上出现的历时变化也正是新时期以来量词通用性增强的明证。

(二) 空间上的通用

在普通话发展的过程中,不断从各地方言中汲取了大量养分,其中吸收最多的就是词汇,由此带来的变化主要有两点:一是使方言中的某些成分扩大了使用范围;二是丰富了普通话的表现形式。新时期汉语普通话对方言量词的吸收,就充分体现了这两点,尤其是第二点。

汉语中包括很多不同特色的方言,而方言是语言分化的结果。语言的分化不可避免地会促进量词的多样化。身处不同方言区的人们从各自不同的视角去认识事物,并对事物进行分类和归类,就会得到不同的量词;而把相同的事物用不同量词归进各自的类,也恰恰反映了各个方言区的人们对事物认知的不同。如在广西贺州方言中,有些量词的用法和普通话就很不一样。举个例子来说,普通话中的量词"头"多用于比较大的牲畜,如一头牛、几头猪等,而贺州话中的量词"头"还可以用于人和小型动物,如一头人、一头蛇、一头鱼、一头蚊子等。[①] 由此可以看出,在贺州方言中,基本上有"头"的动物都可以用"头"来做计量单位;可是在普通话中,"人""蛇""鱼""蚊子"都有各自的量词与之搭配,如可以说"一个人""一条蛇""一条鱼""一只蚊子"等。计量单位的不同,说明不同的文化社群采取了不同的规约方式,也反映出不同的文化社群对相同事物有着不同的认知视角。而如果某些方言地区的

[①] 陈小燕:《贺州本地话研究——多族群语言的接触与交融》,北京:民族出版社,2007年版,第298页。

量词渗入普通话中，就会使汉语普通话的量词更加丰富。如：

(41) 36岁老将孙继海与队员们一起战斗到了最后一刻，仍因一粒进球之差无奈出局。(《新民晚报》，2013-5-1)

(42) 当我们思索一个企业家的第一单生意为什么会那么的影响深远时，不由得会联想起一个人的第一次恋爱为什么会那么的刻骨铭心。(新浪财经，2008-1-7)

以上两例中，例(41)中"足球"的量词用"粒"，是近些年才出现的一种表达，这是闽南方言向普通话渗透的结果。在闽南方言中，不仅小的东西可以用"粒"来计量，如"一粒种子""一粒芝麻"等，大的东西也可以用"粒"来计量，如"一粒苹果""一粒鸡蛋""一粒气球"等。所以用"粒"来计量"足球"从闽南语的用法上来说是没有错误的，这可以说是方言量词进入普通话的一个典型例子。另外，从感情色彩和形象色彩来说，"一粒进球"比"一个进球"凸显出了更多的兴奋喜爱之情，因为用"一粒"来形容进球更能展现出足球圆滚滚的可爱形象，也更能表现出球迷对足球运动、足球队员的期望和喜爱。例(42)中的"单"为粤方言量词，多用于交易或新闻领域，现在也进入了汉语普通话中。

下面我们以量词"间"为例，探讨其进入普通话的过程和其在新时期的发展。"间"作为物量词，《现代汉语词典》(第7版)对它的解释为："房屋的最小单位。"所举语例为"一间卧室""三间门面"。① 而这当然是普通话中"间"作为量词的用法。"但在粤方言区,'间'与'所、座、家'几个量词是混用的,把'一所学校''一家工厂''一座酒楼'常说成'一间学校、一间工厂、一间酒楼'。"② 可见在粤方言区,量词"间"的使用范围比普通话要大得多。事实上,这不仅是在粤方言区,在整个海外汉语中,也是同样的情况,如台湾作为一个大的语言社区,在其用语中,"间"的使用范围就很大。比如:

(43) 这样冷酷的叶柔伊,在这间大企业中,不知打退了多少人的心恋。(《梦幻红颜》)

(44) 前方出现一间幼稚园的招牌。(《爱是永不止息》)

(45) 当她进入那一间航空公司的办事处时,那个已不见多时的私家侦探,又再出现了。(《爱情使者》)

正是因为受到粤方言以及港台用语的影响,进入新时期以来,普通话中量词"间"的使用范围日益扩大,当然这也可以被视作普通话对方言的吸收,其直接结果是导致"间"能够搭配的名词越来越广泛,突破了"房屋的最小单位"的限制。如:

(46) 钱康坐在一间幽暗、几乎没什么客人的咖啡厅里又吃又喝,边吃边往窗外街头张望。(王朔《无人喝

---

① 中国社会科学院语言研究所词典编辑室:《现代汉语词典》(第7版),北京:商务印书馆,2016年版。

② 郭先珍:《现代汉语量词用法词典》,北京:语文出版社,2002年版,第71页。

彩》）

(47) 李飞，年仅30岁，却是一名老谋深算的"包税"专业户，他在深圳开设了一间深圳新泰进出口公司。（《人民日报》，2004—1—5）

(48)（吐瓦鲁）全国人口仅约一万人，只有一条小型飞机的跑道，全国只有一间饭店，而且仅有三十个房间。（《国际先驱导报》，2005—1—21）

(49) 2004年，花旗（银行）以27.3亿美元在韩国买了一间银行。（《21世纪人才报》，2005—1—20）

在以上（46）至（49）四例中，"一间咖啡厅""一间公司""一间饭店""一间银行"都是以"间"作量词，但其中的"间"表示的都不是"房屋的最小单位"的意思，而是与汉语普通话中原有的个体量词"家、所、座、个"等表示的意思相近，说明量词"间"的意义已经相当虚化。这也说明，在汉语普通话中表示与单位、处所等相关的量时，在原有量词"家、所、个、座"等的基础上又添加了一个"间"，而且因为后者比较有新意，所以使用频率较高。刁晏斌（2008）曾经就"一个/座/间厕所"和"一个/家/间网吧"为关键词，检索了1995—2005年十年间的《人民日报》，所得结果为：一个厕所（18），一座厕所（4），一间厕所（6）；一个网吧（9），一家网吧（25），一间网吧（3）。[①] 这说明，量词"间"的使用，挤

---

① 刁晏斌：《当代汉语对方言量词的吸收和发展——以"间"和"把"为例》，载《衡水学院学报》，2008年第2期。

占了原有量词"个、座、家"的部分使用空间。同时,"间"作为一个扩大搭配范畴的量词形式,不仅丰富了普通话量词的表达手段,而且也提供了新的选择形式,这对于充实汉语的表达无疑具有非常积极的意义。

综上所述,我们从空间的角度探讨了新时期的某些常规量词出现的一些扩大使用,这和语言间的相互接触和影响有关,当然这里主要着重记述了新时期以来方言量词对普通话的影响。这也充分说明,正是因为引进了部分方言量词的用法,普通话中原有量词的表意和使用范围才得以大大拓展,使用频率也明显提高,从而增强了量词空间上的通用性。

第三节　新时期汉语量词的个案分析

对新时期汉语量词的个案研究，学界已有不少成果，本小节选取在新时期以来发展演变较为明显的量词"枚"为分析对象，对其进行多角度、全方位的分析，以求更深入地剖析新时期量词的发展变化。

一、现有研究中有关量词"枚"的分析

"枚"在汉语里是一个古今通用的量词，有不少学者从各自的角度对量词"枚"进行了探讨。归纳起来，讨论的焦点主要集中在以下两个方面：一是运用历时或共时的方法，系统分析量词"枚"的历史或现状，探求其发展规律；二是运用比较的方法，把量词"枚"和"个"等进行对比分析，探讨它们的发展及动因。

首先来看第一方面。张万起（1998）运用历时和共时相结合的方法，全面系统地分析了量词"枚"产生的时代、初始的功用、后来的泛用、最后的萎缩，探讨了其是否用于指称人以及现代汉语中的量词"枚"[①]；曾柱（2010）分析了在现代汉语量词系统中，使用范围较狭窄，常用于书面语，且多限于器物、用具等无生命东西的"枚"近几年来却多用来修饰人的原因[②]；王雪娇（2016）则主要探讨了现代汉语中和量词"枚"

---

① 张万起：《量词"枚"的产生及其历史演变》，载《中国语文》，1998年第3期。
② 曾柱：《"枚"的扩张》，载《语文建设》，2010年第10期。

搭配的名词的特点,以及这些名词和"枚"搭配的深层原因①;张大雁(2017)从"帅哥一枚"这一流行语出发,探讨了"枚"的历史演变过程和动因,并对量词"枚"在现代汉语中被重新运用的现象作了解释。②

其次来看第二方面。陈绂(2002)以"枚"和"个"两个泛指性量词为例,比较详细地论述了它们各自之所以成为量词的演变轨迹、自身所带有的意义特征以及对所称量的事物的要求③;李建平、张显成(2009)论述了"枚"和"个"的发展历程以及兴替的动因④;王晓蕾(2010)通过对"颗""粒""枚"这三个量词在各个时代发展演变的历时考察和现代汉语中语法、语义的共时比较,探讨了它们的根本区别以及搭配不同名词的根据⑤;张义(2008)认为在分析"枚"和"个"更替的原因时,应该注意区别量词的使用频率和使用范围,正确认识个体量词使用的范畴化和专职化的关系⑥。

---

① 王雪娇:《现代汉语量词"枚"与名词的搭配使用》,郑州大学硕士学位论文,2016年。
② 张大雁:《从"帅哥一枚"看量词"枚"》,载《现代语文》,2017年第2期。
③ 陈绂:《从"枚"与"个"看汉语泛指性量词的演变》,载《语文研究》,2002年第1期。
④ 李建平、张显成:《泛指性量词"枚/个"的兴替及其动因》,载《古汉语研究》,2009年第4期。
⑤ 王晓蕾:《量词"颗""粒""枚"的比较研究》,中国海洋大学硕士学位论文,2010年。
⑥ 张义:《汉语通用量词"枚"与"个"的嬗变》,载《淮北煤炭师范学院学报》(哲学社会科学版),2008年第2期。

二、量词"枚"的历史演变

"枚"在汉语中古今通用,但是其在历史上各个时期的使用范围和频率是不同的。大体上来说,"枚"从开始的名词演变为后来的量词,主要经历了以下三个阶段:"量词用法产生—量词用法泛化—量词用法萎缩。"为了更好地分析新时期量词"枚"的演变,这里我们首先要对其历史演变进行分析。

(一)量词"枚"的产生

关于"枚"量词用法的产生年代,有两种不同的说法:一种认为"枚"的量词用法产生于春秋战国时代,另一种则认为其产生于汉代。

孙锡信、陈绂、李佐丰等人认为,"枚"作为个体量词,在先秦时期就已萌芽,但用例极少,比较典型的一例为:

(50)留昆归玉百枚。(《穆天子传》)

而张万起和向熹都认为,如果量词"枚"产生于先秦时期,就不应该只是极少数的用例,而且也不应该只出现在少数的一两篇之中。这样,也就不足以证明"枚"的量词用法产生于春秋战国时代。相比于前一种说法,不少学者更倾向于"枚"作为量词的用法产生于汉代早期。这不仅是因为汉代的文献和简帛中都能找出不少的用例,而且还因为汉代早期"枚"的量词用法多样,使用广泛,已经可以被视为比较成熟的典型量词了。如张万起(1998)认为,在《史记》《汉书》《论衡》等书中可以找到不少"枚"的量词用例,说明量词

"枚"产生于汉代。① 例如:

(51) 躁者有馀病,即饮以消石一齐,出血,血如豆,比五六枚。(《史记·扁鹊仓公列传》)

(52) 神龟出于江水中,庐江郡常岁时生龟长尺二寸者二十枚,输太卜官。(《史记·龟策列传》)

(53) 其殿中庐有索长数尺可以缚人者数千枚,满一箧缄封。(《汉书·外戚传上》)

(54) 大贝四寸八分以上,二枚为一朋,直二百一十六。(《汉书·食货志下》)

(55) 请干将铸作名剑二枚。(赵晔《吴越春秋》)

(56) 挺、爵留顾,见如钱等正黄数百千枚,即共掇摭,各得满手,走归示其家。(王充《论衡·须颂》)

从上述用例中可以看出,"枚"的量词用法产生后,在汉代已经有了相当程度的发展,而且确切来说,"量词'枚'是产生于汉代初期,或者更早些"②。原因是根据汉代早期文献所反映的情况,量词"枚"的用法已然不是萌芽状态,而是已经有了一定

---

① 张万起:《量词"枚"的产生及其历史演变》,载《中国语文》,1998年第3期。

② 张万起:《量词"枚"的产生及其历史演变》,载《中国语文》,1998年第3期。

的发展,特别是在汉代简牍中,量词"枚"的用法非常丰富。

李建平、张显成(2009)两位学者也持同样的观点。他们"通过对传世文献和出土文献的综合考察,可以确定其产生的具体时代就是在西汉初年"①。这是两位学者在考察了《史记》《春秋繁露》《淮南子》《说苑》《新书》《新序》《盐铁论》《法言》《新语》9种传世西汉文献,《论衡》《东观汉纪》2种传世东汉文献,以及成书于文帝至景帝时期的《凤凰山167号墓汉简·遣策》后得出的结论;并且认为,西汉时期量词"枚"的使用频率并不高,因为9种文献中"枚"的量词用例仅有6例;东汉时期的2种文献中"枚"的量词用例也只有11例;而东汉的简帛文献中量词"枚"的用例却非常常见,仅《凤凰山167号墓汉简·遣策》中的用例就达到了37例。可见,从西汉到东汉,是量词"枚"从产生到发展的时期。示例如下:

(57)若寡人之小国也,尚有径寸之珠,照车前后十二乘者十枚,奈何以万乘之国无宝乎?(《史记·田敬仲完世家》)

(58)昌邑王征为天子,到营阳,置积竹刺杖二枚。(《太平御览》卷七百十引《新序》)

(59)小杯三枚,中盘三枚,小盘十三枚,案四枚,铺比一枚。(《居延新简·破城子探方》五·一五)

---

① 李建平、张显成:《泛指性量词"枚/个"的兴替及其动因》,载《古汉语研究》,2009年第4期。

(60)车伏一枚,高果一枚,车放安一枚,具四分辖一枚。(《居延汉简》八五·二八)

(61)一石岳二枚。(《凤凰山167号墓汉简·遣策》三十九)

而"枚"作为量词的语义来源,更是众说纷纭。王力先生(1990)认为:"枚字的本义是树干,引申为单位词,树一棵为一枚。……而现存的古书中,没有树一棵为一枚的例子。"[①]张万起则举出《汉书》《后汉书》中仅有的4个用例,证明"枚"用作"树"的量词在古书中并非不存在,只是非常罕见。而李建平、张显成则认为,汉初"枚"作为量词的泛指性已经相当成熟,而两汉称量"树"的用例却很少见,说明"枚"的量词用法是否源于称量"树"的单位还值得推敲。这里我们倾向于刘士儒(1965)的观点,即"枚"的量词用法并非源于本义"树干"义,而是源自其引申义"算筹"。[②]"枚"是由名词"树干"义引申为计数的工具"算筹",再由"算筹"义引申为量词的。也正因为"枚"能够作为"算筹",是计数的辅助工具而不区分具体事物,因此具备了泛指量词的语义基础,这一语义基础也决定了"枚"在产生之初就是一个泛指量词。

(二)量词"枚"的泛化

魏晋南北朝时期,"枚"的量词用法得到进一步发展,有

[①] 王力:《汉语语法史》,载《王力文集》(第11卷),济南:山东教育出版社,1990年,第35页。

[②] 刘世儒:《魏晋南北朝量词研究》,北京:中华书局,1965年版,第76页。

了泛化的趋势。很多的文献表明，量词"枚"经过汉代的快速、蓬勃发展，到了魏晋南北朝时期，已经成为非常活跃的量词，使用频率达到了顶峰。

根据张万起（1998）的考察，魏晋南北朝时期的量词"枚"可以广泛用于各种事物。"包括各种器物、用具、兵器、钱币、金玉珠宝、衣被服饰、印章玺绶、花草植物、瓜果籽实、面类食品、砖土瓦石、建筑物等，几乎到了无所不包的地步。"①示例如下：

(62) 但床上有玉唾壶一枚，铜剑二枚。(《西京杂记》卷六)

(63) 中宫用物，杂画象列尺一枚，贵人公主有象牙尺三十枚，宫人有象牙尺百五十枚，骨尺五十枚。(《上杂物疏》，《曹操集》)

(64) 而鬼应声接矢数枚，皆倒入土中。(《搜神记》卷十五)

(65) 中营四门，门用席十八枚，外营四门，门用席三十六枚，凡用席二百一十六枚。(《后汉书·祭祀志上》，标点本)

(66) 以皇后六宫以下杂衣千领，金钗千枚，班赐北

---

① 张万起：《量词"枚"的产生及其历史演变》，载《中国语文》，1998年第3期。

征将士。(《宋书·明帝纪》,标点本)

(67) 复有石碑四十八枚,亦表里隶书。(《洛阳伽蓝记》卷三《报德寺》)

(68) 黄鱼一枚,收稻一斛,百姓怨叛。(《三国志·吴书》卷五三《薛综传》)

从以上示例可以看出,魏晋南北朝时期,量词"枚"可以修饰的名词多种多样,几乎不受限制。究其原因,是因为这一时期是量词大发展的时期,新出现的量词比较多,但不成熟、不稳定,没有比较明确的分工,因此在汉代就有了长足发展的量词"枚"在这一时期的积极作用便充分显露出来,几乎满足了大部分名词对量词的需求。因此,"枚"的泛用,淡化了名词对量词的选择,反过来也使得"枚"更加虚化,可以搭配更多的名词。这样一种循环,也反映了汉语量词在一定发展阶段的面貌。

(三) 量词"枚"的萎缩

从魏晋到唐代,量词的使用逐渐规范,出现了不少的专用量词,这必然会导致"枚"的使用范围在一定程度上的缩小,但量词的产生和普及速度还不能完全满足名词对量词的需要,因此"枚"的使用频率还在提高。但是总体来说,比起魏晋南北朝时期,量词"枚"的使用已经有了减少。从唐到五代,量词系统进一步发展成熟,分工更加精细,那么泛指量词"枚"也就完成了自己的历史使命,应用范围也步步紧缩。张万起(1998)曾考察过唐代王勃、杨炯、骆宾王、孟浩然、王维、张九龄、杜甫、白居易、柳宗元、李商隐、温庭筠等 30 位诗人的诗集作品,只有王梵志的作品中有两处量词"枚"的用例,其余并未发现该量词的用例。① 即使在同时代的其他文学作品如散文中,虽然量词"枚"的用例甚为丰富,但是不能否认的是,从整体来说,量词"枚"的使用范围还是大大缩减了。而到了宋元之后,量词"枚"的使用范围进一步缩小,使用频率进一步降低,成书于南宋的口语性很强的《朱子语类》,共 230 万字,其中"枚"的用例仅为 4 例,而且只能与钱币、印章等较小或圆形的物品搭配。张万起(1998)对部分元曲作品和近代白话小说也做过考察,发现在近 50 万字的 30 个元曲剧本中,只出现了 4 个"枚"的量词用例;而在清代长篇小说《红楼梦》中,则只出现了一处"枚"的量词用例。② 示例如下:

(69) 时有人于嵩高山下得竹简一枚。(《晋书·束皙传》)

(70) 金合二枚,贮香油;金瓶八枚,贮香水。(《隋书·东夷·赤土国传》)

(71) 旧说象性久识,见其子皮必泣,一枚重千金。(《酉阳杂俎·毛篇》)

---

① 张万起:《量词"枚"的产生及其历史演变》,载《中国语文》,1998 年第 3 期。
② 张万起:《量词"枚"的产生及其历史演变》,载《中国语文》,1998 年第 3 期。

(72) 为玉玺一枚,方一寸二分,文同受命。(《太平御览》卷八〇五)

(73) 妾身有随身的翠珠囊一枚,更有二十五轮香串一腕。(《元曲选·玉壶春》)

(74) 人参二钱　白术二钱土炒　云苓三钱……引用建莲子七粒去心、大枣二枚。(《红楼梦》第十回)

由此可见,在唐以后,量词"枚"的使用日益呈现衰落态势,逐步成为不太活跃的量词。其所称量的范围也只限于一些和"枚"的本义相符合的事物,这说明"枚"的虚化现象正在逐步消失。

综上所述,我们考察了量词"枚"的整个历史发展过程。"枚"从名词转化为量词,再一步步地虚化,正是其语法化的过程,使其最终成为一个专用量词。

三、量词"枚"在新时期的发展

《现代汉语词典》(第 7 版)中对"枚"的释义为:"量词。跟'个'相近,多用于形体小的东西。"① 这说明在现代汉语中,尤其是新时期以来,量词"枚"的用法和意义特征显示出一定的回归倾向。

关于量词"枚",王力先生(2004)认为:"在现代汉语里,它的应用范围缩小到了极点。现在像'一枚针'、'两枚奖

---

① 中国社会科学院语言研究所词典编辑室:《现代汉语词典》(第 7 版),北京:商务印书馆,2016 年版。

章'之类,有些是方言,有些是书面语言;在普通话的口语里,'枚'字简直可以不用了。"① 但是进入新时期以来,随着新事物、新现象、新观念的不断涌现,新词新语、新用法也大量出现,量词"枚"的使用也发生了很多变化,从很大程度来讲,这些变化其实是对古汉语泛指量词"枚"的用法和语义的回归。

张万起(1998)认为,现代汉语量词系统中的"枚"多用于书面语,而且仅限于器物、用具等没有生命的事物,不用于动植物,使用范围比较狭窄;并且把量词"枚"所搭配的对象归纳为 8 大类。② 王雪娇(2016)通过对北大语料库 2 万多条量词"枚"用例的统计,再结合张万起的分类,并根据事物的基本形状和属性,把现代汉语中量词"枚"的搭配对象主要分为 11 大类。③ 这里根据两位学者对现代汉语中量词"枚"所搭配对象的分类,并结合新时期以来的作家作品、纸质媒体、网络媒体中量词"枚"的用例,把新时期以来量词"枚"的用法主要概括为 11 大类,具体如下:

1. 搭配钱币类事物

(75)展览中还展出了鲁迅博物馆存的鲁迅先生购买的古钱币 120 余枚。(《北京晚报》,1997—8—26)

(76)拉拉走进陈丰的办公室,赫然看到桌面上放着一枚亮闪闪的硬币,她笑开了花:"陈丰,不是吧,你真

---

① 王力:《汉语史稿》,北京:中华书局,2004 年版,第 279 页。
② 张万起:《量词"枚"的产生及其历史演变》,载《中国语文》,1998 年第 3 期。
③ 王雪娇:《现代汉语量词"枚"与名词的搭配使用》,郑州大学硕士学位论文,2016 年。

抛硬币了呀?"(李可《杜拉拉升职记》)

(77)老汉却一蹦子跑起来追到黑娃面前,伸开左手擦着的拳头,掌心里有两枚银圆,解释说:"这是饭钱。俺娃在城里仨月吃人家饭的饭钱。"(陈忠实《白鹿原》)

2. 搭配奖章类事物

(78)这或许只是一段难以考究的传说。而狗娃爷爷的旱烟杆上系着的那枚带有"八一"字样的金奖章,却有着一个真实的故事。(《人民日报》,1995-10-9)

(79)1945年,美国战略服务处为在旧金山召开的"联合国国际组织会议"设计了一枚联合国"国徽"。(天涯社区,2012-8-15)

(80)1984年,第23届奥运会在美国洛杉矶召开。开赛第一天,许海峰就在手枪慢射中获得了一枚金牌。(新民网,2010-4-21)

3. 搭配印、石类事物

(81)国内外大公司、大财团聘请其为顾问或总代理的信函,随身携带一枚外文钢印,还有一张伪造的与某国总统的合影……(《人民日报》,1996-8-15)

(82)画面右上方题诗一首,落款唐寅敬题,下面是两枚印章,记者逐一观看了其它几幅画的作者……(新华社网,2004-12-24)

(83) 我国一位地质人员，从矿区拾得一枚造型奇异、遍体翠绿、纹理漂亮的孔雀石。(《上海科技报》，1997-8-15)

4. 搭配器具类事物

(84) 虽然发现少了一枚手术缝合针，但急于下班而懒得寻找了。(《北京晚报》，1997-7-31)

(85) 当场逮捕了来自尼日利亚、莫桑比克和几内亚的6名贩毒分子，查获了装在139枚胶囊中、总重量达2.89公斤的海洛因。(新华社网，2001-5-12)

(86) 这套13枚的编磬，从低音到高音，磬体由大到小。(《人民日报》，1993-11-2)

(87) 八十七岁高龄的围棋一代宗师吴清源将一枚黑子拈在手中。身边4002名旗手对弈的庞大棋阵……(新华社网，2001-8-13)

5. 搭配饰品类事物

(88) 当看到妻子手上的那枚戒指，(我)记忆里就浮现出妻子当时戴上戒指时那种兴奋、喜悦的眼神。(新浪博客)

(89) 我拿眼在人群里寻白雪，白雪就站在女演员中间，她头上别着一枚发卡，太阳把发卡照得像一颗星星，

光芒乍长乍短。(贾平凹《秦腔》)

(90) 是在这个柜子里收藏着父亲从斯梅德雷沃国际诗歌节带回的大奖,一枚金钥匙……(邹海岗《诗友深情》)

6. 搭配武器类事物

(91) 当时在广州这个几十万人口的城市,日本侵略军已经投下了 10 万枚炸弹。到处是残垣断壁,记载着日寇的累累罪行。(《宋氏家族全传》)

(92) 这两枚卫星为实验性卫星,由英国一家航天技术公司制造,目的是测试未来的……(新华社网,2004-3-25)

(93) 传递者点燃了自己手中的火炬,并亲自将一个玻璃瓶中的火种点燃。这枚火种将被送到澳门,继续东亚运的宗旨和希望。(新华社网,2001-5-16)

7. 搭配卡片、商标类事物

(94) 来我国印刷发行的各地粮票、油票、饲料票、工种粮票近 5000 枚。(《人民日报》,1994-10-19)

(95) 体育新闻组副组长李广淮,诗歌记者证收藏爱好者,他已收藏了百余枚记者证。(《人民日报》,1993-12-20)

(96) 著名的美孚石油公司,历时 6 年,耗费巨资,

从一万个商标中选出该企业的商标,这算是一枚最昂贵的商标。(网易博客)

8. 搭配食药类事物

(97) 小麦60克,大枣14枚,甘草20克,先将小麦、大枣淘洗浸泡……(中国江苏网,2012-9-26)

(98) 便毅然下定决心,拿出袖中的一条丝绸手帕,包了两枚核桃,手帕挽了一个同心结,从这边掷过去,手帕正落在姑娘面前。(古诗词网《努尔哈赤》)

(99) 看见那盘焦黄油亮的肥鸡腿,伸出只大手爪便去抓。我整天只吃了两枚烧饼,老早饿得肚子不停地叽咕叽咕响……(白先勇《孽子》)

9. 搭配动植物类事物

(100) 许久,雨停了,照例有数枚萤火虫,一唱一和,点出山的深浅。(陈村《初殿》)

(101) 到7月12日,天鹅一共产下了六枚蛋。天鹅"夫妻"齐心协力,赶走了一切想要入侵的同类……(新华社网,2001-8-28)

(102) 鸢尾花的中央,有一个"下位"的子房,柱头三裂,形成三枚小花瓣,各把一个雄蕊遮盖着……(生物网,2012-5-25)

10. 搭配人

(103) 立威廉，怎么看都是帅哥一枚吧，不过相比于明道、阮经天沸沸扬扬的绯闻，立威廉可称得上是绯闻绝缘体。(《新快报》，2010－3－1)

(104) 准妈妈一枚，迷死上万人！(开心网，2012－8－15)

(105) 一首歌、一句台词、一位笑星或者美女，乃至一枚公司老总，春晚一露脸，全国大流行。这就是春晚的骄傲。(《时代周报》，2010－2－25)

11. 搭配抽象事物

(106) 送你一枚童话。(《羊城晚报》，2010－5－8)

(107) 叶天伸出手，摸了摸下巴，随即露出一丝邪笑，"要不然奖励你香吻一枚好了。"(凤舞文学网，2011－7－4)

从上述用例可以看出，新时期以来量词"枚"的搭配范围已经大大扩展，实现了用法和语义的回归。究其原因有二：一是"枚"自身的特点，二是网络平台的推动。

首先来看原因之一。语言在满足社会发展需要的过程中要不断地进行自我调整，而限于语言的经济性原则，这种调整倾向于用旧有元素来实现新的功用。所以为了满足新时期以来人们对语言的求新求异的心理需求，量词内部也进行了调整。因为长期以来泛指量词"个"的高频使用，人们出现了审美疲劳,这时急需一个类似的泛指量词来满足人们的心理需要和实际需求,这就为历史上曾经辉煌一时的泛指量词"枚"的回归提供了主观上的可能。

其次来看原因之二。随着信息技术的迅猛发展,网络媒体在人们生活中扮演着越来越重要的作用,很多网络流行语进入新时期的汉语中,以上诸多用例都来自于网络,可见"枚"的再次广泛使用是因为网络媒体的推波助澜,这为量词"枚"的回归提供了客观上的可能。

综上所述,量词"枚"从产生、发展到当下,使用上经历了"广泛—缩减—广泛"的过程,当然新时期量词"枚"的广泛使用相较于历史上其使用的鼎盛期,还是相去甚远,但在语言自身调整和社会发展规律的影响下,"枚"的使用还会不会有新的变化,我们拭目以待。

第三章 汉语量词与英语表量词的对应

英语中没有专门的量词这一词类，如"一个苹果"直接翻译为"an apple"，"五个孩子"对应"five children"，数词和名词可以直接搭配，不需要借助量词。人类语言对客观世界的认知有相通之处，英语中也有表"量"的概念，虽然没有量词，但英语可以用其他词类来表示量的概念，从而对应汉语的量词，我们把英语中的这种词叫作"表量词"。下面我们通过具体的例子把汉语中的量词与英语中表量词的对应情况作个对比。

第一节　汉语量词与英语表量词基本对应的情况

英语中没有量词这一词类，所以有时名词、形容词也可以具有量的概念，我们将这些表达量的概念的名词、形容词看作英语中的表量词。

汉语中有些量词在英语中可以找到大致对应的表量词，这种对应关系基本是一一对应的，如：

（1）滴

量词"滴"用于计量滴下的液体的数量，在英语中可以与"drop"对应，"drop"指一滴的量，（液体的）少量或微量。如：

　　一滴眼泪　　a drop of tear
　　一滴油　　　a drop of oil
　　一滴汗水　　a drop of sweat
　　一滴酒　　　a drop of liquor
　　一滴血　　　a drop of blood
　　一滴雨　　　a drop of rain

（2）笔

量词"笔"指称的对象与其作为书写工具有关，如"一笔买卖""一笔账""几笔画儿"等。"笔"也用于计量与款项有关的事物，在英语中表示一笔款项往往直接用冠词"a"或"an"引导，如"a property"（一笔财产）、"a loan"（一笔贷款）、"a deal"（一笔交易）、"a fund"（一笔经费）、"an account"（一笔账）。"笔"少数情况可以对应名词"sum（金额、数额）"，如：

一笔钱　　　　a sum of money

　　一笔收入　　　a sum of income

（3）层

量词"层"用于计量附于物体表面较薄的东西，可以对应英语中的"layer"，"a layer of"指一层什么东西，如：

　　一层泥浆　　　a layer of mud
　　一层脂肪　　　a layer of fat
　　一层灰　　　　a layer of dust
　　一层草莓酱　　a layer of strawberry jam
　　一层防晒霜　　a layer of sunscreen
　　一层沙土　　　a layer of soil
　　一层油漆　　　a layer of paint

（4）罐

"罐"用于计量用容器罐子装的东西，在英语中可对应"jar"，"jar"指用玻璃、陶瓷等制的罐子、坛子或大口瓶子，也指一罐（或一坛）所装的量（或物），如：

　　一罐草莓酱　　a jar of strawberry jam
　　一罐水　　　　a jar of water
　　一罐奶粉　　　a jar of milk powder
　　一罐啤酒　　　a jar of beer

（5）盒

量词"盒"用于称量放置于盒子里成盒的东西，可以对应英语中的"box"，如：

　　一盒巧克力　　a box of chocolates

一盒粉笔	a box of chalk
一盒火柴	a box of matches
一盒豆腐	a box of bean curd
一盒饼干	a box of biscuits
一盒茶叶	a box of tealeaves
一盒首饰	a box of jewellery

(6) 卷

量词"卷"用于称量成卷的东西，多加儿化音，可以对应英语中的"roll"，如：

一卷纸	a roll of paper
一卷布	a roll of cloth
一卷胶卷	a roll of films
一卷地毯	a roll of carpet
一卷纱布	a roll of gauze

(7) 排

量词"排"用于称量横向排列整齐的人或物，在英语中可对应"row"，如：

一排白杨树	a row of poplars
一排士兵	a row of soldiers
一排桌子	a row of desks
一排子弹	a row of bullets
一排座位	a row of seats
一排扣子	a row of buttons
一排房子	a row of houses
一排牙齿	a row of teeth

(8) 瓶

量词"瓶"用于称量瓶装的东西,可以对应英语的"bottle",如:

一瓶牛奶	a bottle of milk
一瓶香水	a bottle of perfume
一瓶柠檬水	a bottle of lemonade
一瓶墨水	a bottle of ink
一瓶杀虫剂	a bottle of insecticide
一瓶胶水	a bottle of glue
一瓶醋	a bottle of vinegar
一瓶果汁	a bottle of juice

第二节　一个汉语量词对应多个英语表量词的情况

汉语的量词与英语中表量词的关系除了基本一一对应以外，还呈现出一对多和多对一的对应关系，即汉语中同一个量词在英语中可以由几个表量的词来表达，英语中同一个表量的词在汉语中可以对应几个量词的用法。我们先看汉语中一个量词对应英语中几个表量词的情况。

（1）把

量词"把"在汉语中常用于有把手或有柄的器具，如"一把勺子""一把叉子""一把铲子""一把刀""一把剑""一把扇子""一把小提琴""一把雨伞"等。对应在英语中，这些名词由于都是独立的个体，前面可以直接加冠词或数词，如上文这些量词短语可直接翻译为"a spoon""a fork""a shovel""a knife""a sword""a fan""a violin""an umbrella"。

"把"除了用于有把手或有柄的器具，还可以计量用手抓起的量，所接名词是散量的东西，可以用英语的名词"handful"（一把、少数）来表示，"a handful of"指"一把或少量的"，如：

一把米	a handful of rice
一把头发	a handful of hair
一把花生	a handful of peanuts
一把钞票	a handful of bank notes
一把土	a handful of dirt
一把筷子	a handful of chopsticks
一把韭菜	a handful of leeks

"把"还可以指称捆在一起的长条的东西,这时"把"往往儿化,所接名词是成捆成束的东西,这种量可以对应英语的名词"bunch"(群、串),表示捆成一束的东西,如:

  一把儿挂面 a bunch of dried noodles
  一把儿鲜花 a bunch of fresh flowers
  一把儿香蕉 a bunch of bananas
  一把儿菠菜 a bunch of spinach

所以量词"把"至少对应"handful"和"bunch"表示的量的概念。

(2) 帮

量词"帮"用于人群,口语色彩浓烈,有时带有贬义色彩。"帮"可以对应英语的"gang"(帮、群、伙)或"band"(帮、群、队),如:

  一帮小伙子 a gang of young fellows
  一帮流氓 a gang of hooligans
  一帮歹徒 a gang of scoundrels
  一帮废物 a gang of worthless people
  一帮土匪 a band of bandits

(3) 杯

"杯"在汉语中是由表容器的名词发展而来的量词,由"杯"引导的量词短语可以用英语"a cup of"来对应,如:

  一杯牛奶 a cup of milk
  一杯酒 a cup of liquor

一杯茶	a cup of tea
一杯白开水	a cup of plain boiled water
一杯咖啡	a cup of coffee
一杯果汁	a cup of juice

"杯"这种容器在英语中除了指"cup"以外,还指高的玻璃杯"glass",如:

一杯水	a glass of water
一杯朗姆酒	a glass of rum
一杯果汁	a glass of juice

量词"杯"对应名词"cup"和"glass"等表示的量的概念。

（4）包

"包"指用布包裹起来或用其他材料包装起来的东西,对应到英语中往往用表示"包"的名词来指量,如"bag"（包）、"packet"（小包）、"sack"（麻布袋）等（"bag""packet""sack"还可以对应汉语量词"袋"）,如:

一包衣服	a bag of clothes
一包饼干	a packet of biscuits
一包茶叶	a packet of tealeaves
一包东西	a packet of things
一包大米	a sack of rice
一包货	a sack of goods
一包糖	a sack of sugar

(5) 串

量词"串"用于指称连起来成串的东西,是由诸多较小的东西组成的线性结构,在口语中往往儿化,在英语中可对应名词"string"(线、串、行)引导的短语,如:

  一串儿项链   a string of necklace
  一串儿鞭炮   a string of firecrackers
  一串儿辣椒   a string of hot peppers
  一串儿珠子   a string of beads

用小棍子"stick"串起的东西也可称"串",如:

  一串儿烤羊肉 a stick of roast mutton
  一串儿糖葫芦 a stick of sugarcoated haws

(6) 撮

量词"撮"指用手指撮取的小量东西,常用于方言中,在英语中指由手指捏住(pinch)这个动作产生的量,如:

  一撮茶叶 a pinch of tealeaves
  一撮芝麻 a pinch of sesame seeds
  一撮辣椒 a pinch of chilli
  一撮盐   a pinch of salt

"撮"还可指少量的坏人,数词只能用"一",且指人的时候"一"和"撮"之间一般加"小",对应英语中的"gang"(群、伙),"gang"常带有贬义色彩,指少量的坏人团伙,如:

  一小撮坏人 a small gang of bad persons
  一小撮流氓 a small gang of gangsters
  一小撮土匪 a small gang of bandits

一小撮暴徒　　　　　a small gang of ruffians

（7）点

"点"称量的对象原本指形状像"点"的事物，如"几点泥""一点红"等，但它更多的用法是表示少量，数词常用"一"，"点"一般儿化，构成"一点儿"的数量短语。该短语可以对应英语的"a little""a few""a small"等短语，表示很少的量，"a little"主要用于称量不可数名词，是"一点儿"最常见的对应用法，"a few"后面接可数名词，"a small"侧重于量的小与少，后面接可数名词或不可数名词都可以，如：

　　一点儿信息　　　　a little information
　　一点儿线索　　　　a little clue
　　一点儿声音　　　　a little sound
　　一点儿名气　　　　a little fame
　　一点儿力气　　　　a little strength
　　一点儿积蓄　　　　a little saving
　　一点儿工作　　　　a little work
　　一点儿茶　　　　　a little tea
　　一点儿饼干　　　　a few biscuits
　　一点儿问题　　　　a few questions
　　一点儿灯光　　　　a small beam of light
　　一点儿数据　　　　a small amount of data

（8）段

量词"段"称量长条事物的一部分，是某一整体事物线性延展的一部分，可指称有形的事物，如木头、话语、文字等，也可指称无形的事物，如时间、经历、过程等。"段"在英语

中可对应"length",指事物在空间的一段长度,也可对应"period",指一段时间,如:

一段铁丝	a length of iron wire
一段绳子	a length of rope
一段电线	a length of electric wire
一段城墙	a length of city wall
一段时间	a period of time
一段日子	a period of time
一段姻缘	a period of conjugal felicity
一段交往	a period of association

(9) 堆

"堆"用于计量堆放在一起的事物,对应英语的"heap (堆、堆积)""stack(堆、堆叠)"或"pile(堆、大量)"。"a heap of"常指呈小山状的一堆东西,"a stack of"也指堆叠起来的东西,通常是整齐的一叠,尤指扁平物体叠放起来。"pile"既可指整齐的一叠,也可指杂乱的一堆。如:

一堆稻草	a heap of rice straw
一堆东西	a heap of things
一堆肥料	a heap of fertilizers
一堆垃圾	a heap of refuse
一堆行李	a heap of luggage
一堆材料	a stack of materials
一堆文件	a stack of documents
一堆煤	a pile of coal
一堆沙子	a pile of sand

一堆雪	a pile of snow
一堆衣服	a pile of clothes
一堆树叶	a pile of leaves

第三节　一个英语表量词对应多个汉语量词的情况

英语中同一个表量的词在汉语中可以对应几个量词,如上文提到的"bag"除了对应"包",还可以对应"袋",再如:

(1) bush

"bush"可指"簇"和"丛",如:

  a bush of fresh flowers　　　一簇鲜花
  a bush of weeds　　　　　　一簇野草
  a bush of roses　　　　　　　一丛玫瑰

(2) pair

"pair"可指"对""双"或"副"。"对""双""副"都可以计量成双的同类东西、人或动物,这些东西、人或动物一般会同时存在,"a pair of"指"一对""一双""一副",如:

  a pair of wings　　　　　　　一对翅膀
  a pair of earrings　　　　　　一对耳环
  a pair of flower vases　　　　一对花瓶
  a pair of lovers　　　　　　　一对情人
  a pair of eyes　　　　　　　　一双眼睛
  a pair of shoes　　　　　　　一双鞋
  a pair of gloves　　　　　　　一双手套
  a pair of hands　　　　　　　一双手
  a pair of chopsticks　　　　　一双筷子
  a pair of antithetical couplets　　一副对联

a pair of handcuffs	一副手铐
a pair of glasses	一副眼镜
a pair of bracelets	一副镯子

(3) piece

"piece"可表示汉语的"张""片""块""条""截",如:

a piece of paper	一张纸
a piece of bread	一片面包
a piece of cloth	一块布
a piece of chocolate	一块巧克力
a piece of debris	一块金属碎片
a piece of advice	一条建议
a piece of pipe	一截管子
a piece of cucumber	一截黄瓜

(4) dose

"dose"用于称量药的剂量或中药的剂数,可以对应汉语量词"剂"或"服",如:

a dose of cocaine	一剂量可卡因
a dose of anesthetic	一剂麻醉剂
two doses of Chinese medicine	两服汤药
a dose of traditional Chinese medicine	一服中药

(5) pot

"pot"用于计量用容器锅、盆、罐或壶装的东西,在汉语中可对应量词"锅""盆""罐"或"壶",如:

a pot of rice	一锅饭

a pot of noodles	一锅面条
a pot of soup	一锅汤
a pot of porridge	一锅稀饭
a pot of gold	一罐金子
a pot of vegetables	一盆蔬菜
a pot of coffee	一壶咖啡

除了上文列举的这些英语中可以表量的词以外，英语中还有很多词有表量的功能，如"class"（班），"a class of students"（一班学生）；"line"（行），"a line of poem"（一行诗）；"plate"（盘），"a plate of fruits"（一盘水果）；"ring"（圈），"a ring of fence"（一圈儿篱笆）；"group"（群、组），"a group of students"（一群学生）等。

汉语量词与英语表量词有同有异，同的方面表现在它们都是表量的单位，在语义上差别不大，都体现了人类对事物的量的认知。不同的地方在于，汉语表量的单位是一个独立的词类，即量词，它与其他词类的语法特征有较大的区别，而英语中没有专门的量词，量词也是汉藏语系区别于印欧语系的特点之一。英语中的个体名词是不需要使用量词的，个体名词界限清晰，有独立可感的轮廓形状，前面可以直接加数词，不需要使用量词，所以汉语中最常用的个体量词，如"个""根""条""只"等在英语中反而找不到对应词。英语中需要用表量词的名词往往是界限不清楚的、不好分割的、不可数的，要借助别的词来标注明确的量，英语的表量词不属于专门的词汇类别，往往由名词充当。

第四章 对外汉语量词教学现状分析

伏学凤（2005）指出，量词教学始终是汉语作为第二语言教学过程中的难点和重点，直到目前为止，直接面向对外汉语量词教学的系统性研究基本上还属空白。① 在实际教学和交流过程中，我们常常可以看到、听到外国学生在使用量词时产生的各类偏误。同时，我们在对量词研究资料的收集过程中也可以看到许多外国学生量词使用的偏误。因此本部分内容将主要考察现行一些教材对量词的教学安排情况和外国学生对量词的使用情况。在此基础上，总结量词使用中易出现的典型偏误，并尝试从母语和文化差异的角度分析产生偏误的原因。

---

① 伏学凤：《汉语作为第二语言教学中的量词研究》，载《语言文字应用》，2005年第2期。

第一节 《对外汉语教学初级阶段教学大纲·语法大纲》和对外汉语教材分析

一、《对外汉语教学初级阶段教学大纲·语法大纲》对量词的解释

《对外汉语教学初级阶段教学大纲·语法大纲》（杨寄洲，北京语言大学出版社，1999）（以下简称《大纲》）是和《汉语教程》（杨寄洲，北京语言大学出版社，1999）配套使用的语法大纲，其中对量词的解释包括以下五条。

（一）表达数量

基本句式：数词＋量词＋名词

汉语表达人或事物的数目时，常常要用量词，数词和量词常用来作名词的定语。

这主要是针对名量词的使用，适用于"数词＋量词＋名词"的结构形式。要说明的是，量词本身并不作句子成分（除量词重叠形式以外），一般都是和数词一起组合成数量短语充当句子成分。如课文中的"我要一碗鸡蛋汤""再来十个信封、两支铅笔"等都是数量短语做定语的用法。

（1）个体量词

个、本、支、条、辆、杯、件、张、位、斤、口、篇、只、句、段、页、册、节（一节课）、棵、种

（2）集合量词

点、些、对、双、套

(3) 动量词

次、回、遍、下儿

(4) 度量词

块、元、角、分、点（八点）、斤、公斤、克、千克、米、公尺、里、公里

(5) 借用量词

碗、盆、袋、桶、盒、手、身、头、屋子、车

另外需要说明的是，如果数词为"一"时，量词可以省略，如"我买了一个西瓜""来了一位老师"可以说成"我买了个西瓜""来了位老师"。

(二) 表示动作持续的时间

基本句式：主语＋动词＋（了）＋时量补语＋（的）＋宾语

量词跟在动词后面，作时量补语。这种格式表示的基本语义为一个动作延续的时间，其信息重心是延续的时间量，所以句子重音在时量词上。用"动词＋（了）"表示叙述和说明，动词后不加"了"表示打算、计划等（对今后动作进行时量的计划）。进入该句式的动词必须是表达可持续动作的动词，如"睡、玩、跑、病、想、走、看、听、学习、喜欢"等。

大纲列举出学生可能出现的两种偏误情况，一是该用时量补语而不用；二是时量补语与宾语的语序错位。如：

（误）从教室到宿舍只需要十分钟走。

（正）从教室到宿舍只需要走十分钟。

（误）我跟我的中国同学每天用汉语谈话了一个小时。
（正）我跟我的中国同学每天用汉语谈一个小时话。

（三）表示动作经历的时间

基本句式：动词+时量补语

汉语里有一些动词表示不可持续的动作，如"死、丢、断、毕业、发生、结婚、离开、找到、抓住、到达"等。这类动词加上时量补语则表示动作发生和结束后到某一时点（如说话时）所经历的时间，如：

经历时间
动作发生、结束 ——————→ 说话时
（去年）结婚　　　一年　　（现在）已经结婚一年了

（四）动量词表示动作进行的次数

基本格式：动词+数词+动量词（下、次、回、遍等）

这个格式表示的基本语义是"动作进行的量"，强调动作重复的次数，动词可以是表达持续动作的词，如"睡、玩、跑、病、想、走、看、听"等，也可是表达瞬间动作的词，如"敲、看、叫、挂"等。

在这种结构中，数词和动量词"下""次""回""遍""声""趟"等构成了动量补语，用来表示动作发生或进行的次数。动态助词"了"和"过"要放在动词后，动量补语前。在该语法项目中，学生可能出现的偏误主要表现在动量词的混用，如"次"与"遍"、"次"与"回"、"下"与"次"等（下文有辨析）。除了上述动量词以外，借用动量词也常见于此格式。借用对象与动作行为相关的名词，如使用的工具，或动行为涉及的身体某部分等，构成"动作行为＋次数＋相关工具/身体部位"的结构，如：

动作行为	＋	次数	＋	身体/工具
看		一		眼
踢		一		脚
喝		一		口
打		一		拳
拍		一		掌
画		一		笔
砍		一		刀
开		一		枪

（五）数量词语的重叠表示动作行为的方式

基本格式：量词＋量词，或一＋量词＋一＋量词

名量词、动量词都可以重叠使用，表示"每"的意思，也有"逐个地""逐渐地""无例外地"等意思，用来描述动作行为的方式，如：

　　回到诸暨后，我忙着去冲洗胶卷，结果其它的照片张张都完整清晰，而唯独没有我们与启功先生一起拍的那两张，这不能不说是一个缺憾。（吴五六《名人好见》，2015）

　　迎新晚会上，同学们个个都拿出自己的拿手本领展示才艺，真是八仙过海，各显其能啊！（赵勤、王春蕾《读故事 学成语》，2015）

暗红色有铁质，才沉稳，庄重，因为红色江山是铁打的，可知道了……公社书记点点头，笑着看他们将房屋一间一间都刷成暗红色。（阿蛮《解手》，2005）

入秋了，天气一天一天变凉，再也听不到啄木鸟的叨木声，只看见他走远的背影。（张怀帆《小镇吧》，2015）

上述例句中，"一＋量词＋一＋量词"的格式可以简略为"一＋量词＋量词"，如：

步上二楼，进入署名"前门茶庄"的小院，周围是一间间幽静的茶室，有的摆着西式沙发，有的陈设着传统炕桌，我拣了一间瓷桌瓷凳的茶室坐下，身着红色旗袍的服务小姐送上一壶龙井，我就慢慢品啜起来。（吴欢章《欢章散文》，2016）

山麓水滨的名胜古迹，犹如打开一条条历史的通道，让人们得以贴近我们民族的博大心灵，感受到千古不绝的自由呼吸。（吴欢章《欢章散文》，2016）

母亲，我知道我们小时候，你最高兴的事是，看着我们一天天长大；可是现在你知不知道，我们最痛苦的事是，看着你一天天苍老。（陈奕纯《大地的皱纹》，2013）

特别需要注意的是，"一＋量词＋量词"结构中，数词仅限于"一"，数词不是"一"时，不能按此规律，例如"两个两个"不能说成"两个个"。

二、对外汉语教材中的量词分布和教学设计

这部分我们主要考察经典对外汉语教材《汉语教程》和《汉语会话 301 句》中量词的分布情况、练习题中有关量词的设计以及教材中涉及量词的相关解释。

(一)《汉语教程》量词分布及分析

《汉语教程》是由杨寄洲主编,由北京语言大学出版社于 1999 年出版,2009 年再版的一套经典对外汉语教材。《汉语教程》分三册,一共有六本,每本书的量词教学内容如下:

1. 第一册(上)
(1) 名量词

个、张、节、块、枝、位、件、把、本、斤、毛、角、分、公斤、点儿、些、碗、瓶、盒、家、口

(2) 动量词

下儿

2. 第一册(下)
(1) 名量词

辆、封、条、岁、节、座、元、点、分、刻、米、公斤、公里、平方米、厘米、号、套、团、种、双、家、门、盆、杯

(2) 动量词

遍、次

3. 第二册（上）

(1) 名量词

封、条、篇、间、道、台、支、等、场、起、秒、周、度、公分、平方米、套、片、束、卷、对、盘、碗、杯、身

(2) 动量词

趟、倍、声、眼

4. 第二册（下）

(1) 名量词

件、只、匹、架、棵、台、块、幅、场、层、句、位、公斤、里、阵、团、份、副、对、样、杯、排、壶、口

(2) 动量词

顿、步

5. 第三册（上）

(1) 名量词

顿、名、首、部、颗、场、项、层、台、点、所、阵、段、份、副、片、串、股、列、行、卷、里、桌、路、脸、篮子、壶、站、手、屋子

（2）动量词

番、回、把、顿、阵、跳、眼、口、笔、脚、拳、架

6. 第三册（下）

（1）名量词

首、所、名、页、支、顿、等、间、项、顶、根、层、尊、部、粒、台、队、分、股、叠、沓、批、堆、群、类、平方米、公顷、寸、秒、地、箱、头、碗、肚子、堂、科、代、面、轮、幕

（2）动量词

回、顿、阵、惊、跳、巴掌、剪刀、圈

下面我们来归纳一下《汉语教程》对量词的相关解释以及量词练习题的设计。

《汉语教程》中第一次出现量词是在第一册的第八课。文中出现的量词有"个""碗""些"，在课后练习中又补充了"双""本""部""把""辆""台"等量词，并同名词进行了简单的搭配。其中"辆"在《汉语水平等级标准和等级大纲》中未收录。我们认为，对外汉语教师在进行初次量词教学的时候一定要特别强调量词这个词类以及它出现的位置，强化汉语中的"数词+量词+名词"结构，并且在介绍名词和量词搭配的时候进行简单的总结。如在练习中出现了"一台电视""一台录音机""一台电脑"时，可以总结出量词"台"的用法，"台"一般是和较大的电器、机器类物品搭配，由此可以引导外国学生说出"一台电扇""一台冰箱""一台洗衣机""一台

望远镜""一台机器"等短语。

紧接着,《汉语教程》的第九课中也出现了一些度量衡量词,并且在课后练习中增加了新的量词"根"。同样地,对外汉语教师也可以根据练习中出现的"一根黄瓜""一根豆角儿""一根葱头"等短语让学生自己体会可以和"根"搭配的名词的特点,进而总结出这些名词具有"长、硬"的共同点,并让外国学生自己说出与量词"根"搭配的其他短语,如"一根香蕉""一根筷子""一根香肠"等。

在《汉语教程》的第十二课课文和练习中分别出现了"枝""瓶""张""节""块"等量词,我们也可以按照上述方法举一反三,总结归纳与量词搭配的名词的共同特点,使量词的学习有规律可循。在这几个量词中,除了"节"以外,其他量词都属于《汉语水平等级标准和等级大纲》所规定的量词范围。

《汉语教程》第一次对量词做出解释是在第一册的第十三课,教材指出"数词'一'和量词组成的定语一般不重读",这里也是第一次指出了数量短语作定语的语法意义。

教材第一次正式对量词做出语法上的解释是在第一册的第十五课课后,注释中对不定量词"些"的解释是:量词"些"表示不定的数量,常用在"一""哪""这""那"等词后边,例如"一些人""一些书""那些书""这些东西"等。而且,量词"些"只和数词"一"连用,不能和别的数词结合。

《汉语教程》第一册的第十七课第一次介绍了数量词组"数词+量词+名词"的结构,并指出汉语里常有用数量词作名词的定语来表达事物的数量,同时还指出每种事物都有相应的计量单位,即量词。这也是教材第一次解释什么叫量词。我们觉得可以把这部分内容提前到学习者第一次学习量词时讲解，即在第一册第八课就应当讲解，而以后的内容则主要围绕量词和名词的搭配展开。

《汉语教程》第三十五课介绍了时量补语的用法，"表达动作或状态持续的时间时汉语用时量补语。询问要说'多长时间(了)？'时量补语由表示时段的词语充当。汉语的时段词语有：一会儿、一分钟、一刻钟、半个小时、一个小时、半天、一天、一个星期、半个月、一个月、半年、一年等"。该书指出，动词不带宾语时，时量补语放在动词后边，构成"主语+动词+时量补语"的结构，如：

> 她在北京语言大学学了两年。
> 我每天都坚持锻炼一个小时。
> 我们看了两个小时。

当动词带宾语（或动词是离合词）时，要重复动词，时量补语放在重复的动词后边，构成"主语+动词+宾语+动词+（了）+时量补语"的结构，如：

> 他游泳游了一个下午。
> 她学汉语学了两个多月了。
> 我们看电影看了两个小时。

当宾语是人称代词时，时量补语要放在宾语后边，如：

> 我找了你一个小时。
> 我们在这儿等她一会儿吧。

当宾语不是人称代词时，时量补语也可以放在动词和宾语之间，它和宾语之间可以加"的"，如：

A：你看了多长时间（的）电视？
B：我看了三个小时（的）电视。

如果动词后边有"了"，句末还有语气助词"了"时，表示动作仍在进行，如：

她学了一年汉语。　　（现在可能已不学汉语了）
她学了一年汉语了。　（现在还在学习）

课文还指出，时量补语和动量补语只能放在动宾结构之间，而且针对时量短语作补语课文也安排了较多的练习。

《汉语教程》第三十七课介绍了数量短语作补语的情况。数量短语放在形容词后边作补语表示比较事物间数量、程度的具体差别，语序是"形容词＋数量词（补语）"，如：

罗兰比我高5公分。
他比弟弟大两岁。

《汉语教程》第四十课中出现了"还麻烦你跑一趟"这样的句子。课文注释中对"趟"的解释是："趟"是动量词，表示走动的次数。但我们认为这样的解释过于简单，学习者还是无法通过解释搞清楚"趟""次""回"的区别。因此，对外汉语教师应在这部分加强解释，说明动量词的概念，还应适当与容易混淆的动量词加以区分，指出"动词＋数词＋量词"的结构。

《汉语教程》第四十一课中介绍了动量短语作补语的用法。动量补语用来说明动作发生或进行的次数。动量补语由数词和动量词"次""遍""声""趟""下"等组成。动态助词"了"

和"过"要放在动词后,动量补语前,如:

> 他去过两次长城。
> 他敲了一下儿门。
> 这个电影我看过两遍。

当宾语是表事物的名词时,宾语多位于动量补语后;宾语是人称代词时,宾语必须置于补语前;人名、地名作宾语时,宾语可以在动量补语前,也可以在动量补语之后,如:

> 我听过一遍课文录音。
> 他找过你一次。
> 山本以前来过一次中国。/山本以前来过中国一次。

《汉语教程》第四十一课还比较了动量词"次"和"遍"的不同,指出"遍"更强调的是动作自始至终的全过程。课后练习中也针对"次"和"遍"的区别和动量短语作补语设计了一些填空题和仿造例句的练习。

《汉语教程》第四十五课介绍了量词重叠的用法。汉语的名量词和动量词都可重叠使用,表示"每"的意思,如:

> 这些照片张张照得都很好。
> 我们班的同学个个都很努力。

《汉语教程》第七十课简单地介绍了借用动量词。汉语表示动量时还可以用跟动作有关的名词(工具或身体的部分)作量词,例如"看一眼""喝一口""踢一脚""打一拳""画一笔"中的"眼""口""脚""拳""笔"等。

总的说来,《汉语教程》涵盖了量词内部的各个小类,包括动量词和名量词,专用量词与借用量词,个体量词、度量衡量词与集合量词，且做到了适度重现的原则，尤其是第一册对量词的重复、练习和巩固比较多。但教材对量词的解释主要偏重量词的语法功能，即"数词＋量词＋名词"和"动词＋数词＋量词"的结构形式和动量短语、数量短语作补语的用法及量词重叠的用法，而对量词与名词、动词之间的搭配和选择理据以及量词与人们的认知方面几乎没有作出说明。此外，课后练习题型比较单一，大多都是填空题，以机械记忆为主，没有对量词进行辨析和选用的练习。只有第二册（上）的第四十一课课后注释中区分了动量词"次"和"遍"，但是对单个量词的解释很不充分，基本上是直接将量词翻译成英语，而没有针对量词的用法和范围作出进一步的解释。如第三十六课中的"出了一身汗"中有临时量词"身"，但是课文给出的解释是"身，名词、量词，body"，显然这样简单的解释对学习者来说太模糊、太不严谨，不能使学习者真正理解临时量词"身"的用法。因此，对外汉语教师应加强这部分的讲解，拓展临时量词的用法，如补充"一脸泥""一脸笑容""一头白发""一桌子书""一口四川话"等短语，真正做到举一反三、触类旁通。另外，《汉语教程》对量词尤其是形象色彩很强的名量词没有给予语义上的描写和归纳，这势必会在一定程度上影响学生的理解和记忆，加重了学生学习的负担。例如第三十三课和第四十七课中都出现了量词"条"，如"一条小河"和"一条裙子"，课文分别解释为"量词，a quantifier for rivers，etc"和"量词，a quantifier for skirts"，对于这样的解释，学生除了死记硬背以外，还是不能真正理解"条"的准确用法和搭配范围，也不能明白"小河"和"裙子"之间到底有什么联系，为什么都可以用"条"来表示。"条"一般指狭长的东西，如

"蛇""沟""河""毛巾"等,"条"的称量对象的共同特点是具有"线性"特征,这种线性特征表现为具体可感的形状,如"一条隧道""一条长凳"等。因此在学习像"条"这样形象色彩很强的量词时,对外汉语教师不妨通过归类来总结其搭配事物的共同特征,以帮助学习者理解和记忆。《汉语教程》第二十课中出现了量词"门",如"几门课",课文的解释是"a quantifier",这样的解释如何能将"几门课"与"几节课"区分开来呢?我们认为对外汉语教师在教学时应该联系"门"与"节"的区别,指出"门"用于指不同的课程,如"语文课、英语课、听力课、口语课"等,而"节"则指的是同一种(门)课因为课间休息而被分成的几个部分。因此,对外汉语教师应加强解释、总结规律、注意不同量词的区分,这样才能高效地进行量词部分的教学。

(二)《汉语会话 301 句》量词分布及分析

《汉语会话 301 句》分上下两册,是康玉华、来思平为初学汉语的外国人编写的速成教材,由北京语言大学出版社出版,是一套流行很广的对外汉语教材,有日语、英语、韩语等注释版本,共 40 课,另有复习课 8 课,包括"问候""相识"等交际功能项目近 30 个、生词约 800 个左右,还涉及一些汉语基本语法。

《汉语会话 301 句》第二课生词表开始涉及数词,但是没有量词,第二课语音练习中列出数量短语"八棵",但仅作为辨识练习,老师在具体讲解的时候可以稍作解释。

第三课练习题中出现了动量短语"一会儿""一下儿"和"一点儿",但仅作为儿化练习。

第四课生词表里首次出现量词,出现的量词自然是使用频率最高的"个",课文中涉及"这个""那个",以及与"个"搭配的名词"人""老师""学生""美国人""大夫""朋友"等。教师可以介绍量词"个"的使用范围非常广泛,它既可以指具体的物件,又可以形容抽象的东西,如"一个苹果""一个面包""一个打算""一个想法"等。

第五课标题为"我介绍一下儿",涉及动量短语"一下儿"及它的用法,"'一下儿'表示动作经历的时间短或轻松随便"[①],在课后练习中还有关于"一下儿"的替换与拓展练习,旨在让外国学生掌握不同动词和"一下儿"的搭配。

第六课的主题与生日有关,生词表中明确标明"岁"属于量词,与"岁"搭配的数词除了具体的数字以外还有"几"。

第七课标题为"你家有几口人?"主要内容为介绍自己的家庭情况,涉及了量词"口",教师应注意区别量词"口"与"个"的差异,"几口人"只用于询问家庭的人口,一般用于较正式的场合,而在其他场合询问人数时,量词应该用"个"。

第八课标题为"现在几点?"与询问时间有关,该课涉及较多的时量词,生词表里列举的有"点""分""刻",与这些时量词搭配的数词除了具体的数字以外,还有"两""半""几"等,教师应反复训练数词和时量词的搭配。在该课练习题的语音练习里出现了"十个"这一表达,教师应强调量词"个"读轻声,因为已经学习了数词,所以也建议教师在此时补充不同的数词与量词搭配的数量短语,并适当与不同的名词进行搭配练习,以实现灵活讲解与练习,同时还达到了适时复

---

① 康玉华、来思平编著:《汉语会话 301 句》,北京:北京语言文化大学出版社,2000 年版,第 23 页。

习数词的效果。

第九课生词表里出现了量词"层"（第九课的主题是询问住址），"层"主要用于楼房的层数，教师可反复练习与"层"有关的数量短语或句型，如"两层楼""几层楼""宾馆有多少层？""我们住在2层205房间"等。

第十课"邮局在哪儿？"也是询问住址的，教材上出现的"八楼"和"九楼"等代表了不同的建筑物，但是在实际生活中，"八楼"和"九楼"常常指同一栋建筑物里的"八层"和"九层"，"楼"除了名词的用法，还有作为量词的用法，相当于"层"。由此看出，教材在"楼"的解释上说得不够清晰全面，教师应该给学生解释清楚，让学生注意"楼"和"层"的区别与联系。第十课的语音练习中再次出现"一个"，教师应给学生再次强调量词"个"读轻声，并复习已经学过的"一"在数量短语中的变调。

在《汉语会话301句》第二阶段即第六课到第十课的学习中，量词的学习是语法学习的重点之一，故复习二的内容多处涉及量词的用法，包括动量词与名量词的使用，如"问一下儿""坐一会儿""介绍一下儿""一个朋友""一个哥哥""一个月""一个星期""几个星期""几口人""四口人""几点""一个人住""七十五岁""五十五岁"等。学生通过复习巩固，反复接触到量词这一独特的词类，感受到这些由量词构词的短语可以放在句子的不同位置，构成不同的语法成分，如可以作主语，可以作谓语，可以作补语，可以作定语，可以作状语等。

第十一课《我要买橘子》是生词表里出现量词最多的一课，涉及的量词有"斤""块""元""毛""角""种""分""瓶"，多是人民币的计算单位，教师可以通过购物场景的对话训练加强人民币计数的练习。

第十二课《我想买毛衣》出现了量词"件"和"杯"的用法。注释明确说明"量词前的数词'一'如不在句首,可以省略。所以'买一件毛衣'可以说成'买件毛衣'",这是教材第一次正式讲解与量词有关的知识点,使学生在量词方面的学习进一步深入。同时,教师可以再补充例子,如"写封信""买本书""喝瓶水"等省略了数词"一"的短语。本课专门出现了量词的替换和扩展练习,出现的量词有"课""件""杯",教师应适时总结复习已经学过的量词,如"个""层""口""斤""元""瓶"等,并适当补充常见量词,如"只""本""条""张"等,让学生对汉语量词有更多的积累,能够与数词和名词进行反复的替换训练。本课的练习题中有量词的填空练习,要求学生根据不同的名词搭配相应的量词,这样的题目能有效地促进量词的辨析。

第十三课出现了量词"张""本"和不定量词"一点儿"的用法,课文中"张"修饰名词"票",教师应再补充与"张"搭配的其他名词,如"纸""画""钱""照片""地图"等内容。"一点儿"可以与名词搭配,如"一点儿水""一点儿时间",也可以和动词搭配,如"说一点儿""吃一点儿"等。在该课的语法部分,对数量词作定语作了讲解,"在现代汉语里数词一般不能直接修饰名词。中间必须加上特定的量词。如'两张票'、'三个本子'、'五个学生'"[①]。需要提醒学生注意的是,与其他定语不同,数量词修饰名词作定语时后面不能再加"的"。

---

① 康玉华、来思平编著,张美霞译:《汉语会话301句》(日文注释),北京:北京语言文化大学出版社,2000年版,第76页。

第十四课《我要去换钱》中没有新的有关量词的内容，出现了几处量词短语，如"这个本子""这个汉字""等一下""写一下儿"等，教师可以在换钱练习中加强人民币计数的训练。

第十五课课文出现了量词"样""套""种"和一些量词短语，课后有使用量词改写句子的练习，该练习要求学生在句子中对所学量词进行灵活运用，这对学生提出了更高的要求。

第十七课《去动物园》生词表中出现了量词"条"，与之搭配的名词有"路""船"。教师可补充与"条"搭配的名词，总结它们的特点，让量词的学习有规律可循。

第十九课出现了"次"和"句"，"次"表示动作完成的数量，"句"指称的对象是语言文字中有完整语调的片段。除了书上提到的"第一次"和"一句汉语"以外，教师应加强这些量词与名词、动词的搭配训练，如"玩一次""去过两次""看过一次""两句话""两句诗""说一句""写几句"等。练习题中涉及了量词"分""次""个""瓶""课""节""层"的训练。

第二十课替换和扩展练习中出现了量词"辆"，与之搭配的名词为"汽车"。"辆"是主要用于指车的量词，除了"汽车"以外，还可以搭配"公交车""自行车""三轮车""摩托车"等。

第二十二课《我不能去》生词表增加了新的量词"封"，"封"指称的对象主要是"信函"，如"一封信"。课文和练习中也有不少内容涉及量词，如"一个画展""两张票""一个句子""一辆出租汽车""一个会""几个句子""唱个歌""两课生词""一辆自行车""一部词典"和"喝一点儿"等，从教材中能够反映出来，课程中期学生们掌握的量词数量有显著增加，教师尤其要注意这个阶段量词的归类与辨析。

第二十三课生词表出现了量词"支","支"指称的对象也具有"线性"的特征,如"一支笔""一支唇膏"。"支"还可以指由于主观认识而产生"线性"感觉的对象,如"一支曲子""一支舞"等。教师可以适当讲解同音量词"支"和"只"的区别,"只"没有"线性"特征,它可以指"鞋""狗""猫"等具有独立性、完整性的个体。课文和练习中也有不少量词短语,如"一支笔""一本小说""一个照相机""一斤苹果"等。

　　第二十五课生词表中出现了不定量词"些","些"与不定的数量有关,如"一些人""一些钱""看过一些""听过一些"等。课文和练习题中复现了之前学过的量词"个""张""辆""件""支""本"等。

　　复习五出现了"一块糖",第一次涉及量词"块","块"可指称具有立体空间形状的物体,教师可以多列举与"块"搭配的名词,如"石头""豆腐"等。

　　第二十六课生词表第一次出现量词"只",教师可再次复习量词"支"和"只"的差别。课文和练习中出现了"一件礼物""一个生日蛋糕""一只小狗""这个月""一条鱼"等短语,出现的量词有已经学过的"个""件"等,也有新出现的"只""条",新旧量词交叉出现,有利于学生们循序渐进地学习。练习题中对学生容易混淆的副词"有点儿"和不定量词短语"一点儿"进行了辨析(后文有详细辨析)。

　　第二十八课生词表中出现了量词"度",教师应反复练习用"度"描述天气。

　　第二十九课复现了量词短语"一会儿"和"一点儿"的用法,教师应引导学生注意区分量词"会"和"点",用"点"来称量表示数量上的少和轻微。

第三十课练习中再次复习了时量短语,如"一个小时""一个半小时""半个小时""一刻钟"等,语法部分重点讲了时量补语。

复习六在复习表示概数的方法时多处涉及量词,如"几件衣服""三十几本中文书""几本词典""七八个房间""两三次""十五六张桌子""五十多块钱""二十多度""两岁多"等,教师应重点复习含有概数的短语,适当归纳总结所学量词与名词的搭配。

虽然第三十一课和三十二课是关于旅游的,课文设计的重点不在量词,但语言材料里不可避免地会涉及量词,如"个""辆""刻"等,可见量词是汉语最普通常见的词类之一。

第三十三课生词表中出现了量词"位","位"专用于人,却不能说"一位人","位"后面是表人的名词,用"位"来指称该名词含有敬意,如"一位老师""一位客人"等。文中出现"一块蛋糕""两张床""一个房间"等量词短语,课后专门有填入适当量词的练习,给出的与量词搭配的名词较丰富,有"衬衫""裤子""裙子""衣柜""马路""桌子"等,有些量词和名词的搭配并不是之前的课文中出现过的,而是需要教师额外补充讲解的。

第三十四课复现了量词"天""次""度""张",首次出现了量词"针"。语法部分专门讲解了动量补语,动量词和数词结合,放在动词后面,说明动作发生的次数,构成动量补语,例如"来过一次""找她三次"等。

复习七中首次出现量词"尊",修饰名词"大佛",出现了"一只脚""7米长""去一次""五辆大汽车""一个房间"等量词短语。在语法的补语部分,专门介绍了数量补语、动量补语和时量补语,都是数量短语充当补语的情况。

第四章 对外汉语量词教学现状分析

第三十六课复现了之前学过的量词构成的短语，如"一刻钟""三个月""几位老朋友""几个星期""五十岁""一封信"等。语法部分涉及时量补语，有些动词，如"来""去""到""下课""离开"等不是表示动作的持续，而是表示从发生到某时（或说话时）的一段时间。动词后有宾语时，时量补语要放在宾语之后，如"他来北京已经一年了""下课十五分钟了"。

在第三十七课、第三十八课、第三十九课、第四十课和复习八中量词不是教学重点，但是课文复现了"张""个""次""下""件"等量词，如"照张相""唱个歌""这个月""一个多月""一个人""这次篮球赛""三个月""打听一下""问一下""关一下""两个胶卷""四个小包""两个箱子""两件行李""两个国家""两个美国人""两个朋友""这个手提包""一个衣柜""一个问题""一个病人""两个日本同学""这件事"等短语，量词的复现率在语言材料中较高。

总的来说，《汉语会话301句》还是比较重视量词的教学，教材从第二课起开始涉及量词，使学生在学习汉语之初就接触到这一词类。除了极少数的课程以外，绝大部分课程或多或少都出现了量词的内容，课后练习中涉及的量词内容也不少，可以使学生不断复习巩固，为掌握汉语这一独特的词类打下坚实基础。但除了课后补充阅读中的量词以外，学生必须掌握的生词表中的量词仅有27个，在数量上还远远不够，一些重要的量词，如"遍""回""滴""册""场""份"等教材里完全没有涉及。教材中多涉及个体量词，集体量词涉及较少。每课出现的量词数量都不多，分布零散，到一定阶段需要教师主动为学生总结归纳，这也与速成课本的性质有关，有些东西无法一一展开论述，但教师在教学时尤其要注意扩展补充，讲解量词的系统性与理据性，科学地为学生的高效学习服务。

第二节 量词使用中易出现的典型偏误

我们通过收集北京语言大学中介语语料库、暨南大学留学生书面语语料库、HSK动态作文语料库，以及外国学生的作业、考试和日常交谈及相关研究资料中的量词使用情况，经过统计分析将外国学生量词使用的偏误分为四种类型：缺少量词、多用量词、误用量词和量词位置错误，具体论述如下。

一、缺少量词

该种偏误指的是学习者在应该使用量词的情况下没有使用量词，造成缺少量词的错误。这种偏误尤其在欧美国家的汉语初学者中十分常见，原因在于印欧语系中几乎没有像汉语这么庞大发达的量词体系，所以欧美学生在学习汉语之初常常不习惯使用量词。例如英语是典型的无量词语言，数词与名词可以直接组合，如"two books"（两本书）、"three cars"（三辆车），母语为英语的学生在运用汉语时由于母语的负迁移影响常出现量词遗漏的情况，如：

（误）我给你一书。（I give you a book.）

（误）桌子上有一笔。（There is a pen on the desk.）

英语中有的短语看似有量词，如"a cup of tea"（一杯茶）、"a piece of furniture"（一件家具）等，但是"cup"在英语中实际是名词而非量词，意思是"杯子"，"piece"也是名词，表示"块、件、篇"。

对于母语中虽然存在量词但是又不及汉语量词那么发达的日韩学生来说，这种偏误在很大程度上是由于学习者对汉语量词使用规则的掌握不够全面造成的。此类偏误相对较少，而且基本上都是出现在汉语学习的初期，如：

（误）我觉得这两意见都是对的。
（正）我觉得这两个意见都是对的。

（误）我们班有两博士。
（正）我们班有两位博士。

（误）我告诉你一事情。
（正）我告诉你一件事情。

缺少量词的偏误还可能受到北京话等地域方言的影响。北京话的口语中有省略量词直接表达的情况，如"他是一大腕儿""我买了一新手机""吃一包子就饱了"等，如果学习者处于这种语言环境，就会很容易受到汉语方言的影响，也可能造成缺少量词的错误。对外汉语教师应适当纠正这种现象，让学生认识到汉语普通话与方言之间的差异。

缺少量词的偏误还可能出现在汉语学习的高级阶段。在语言学习的高级阶段，学生接触到的汉语成语和文言表达中有很多数词直接修饰量词的情况，如"七嘴八舌""百家争鸣""一叶知秋""五颜六色""一针一线""一粥一饭"等，但是口语里并不这样说，这只是文言说法的沿用，是凝固在语言中的固定用法，并不是数词和量词搭配的普遍规律。

现代汉语中确实存在少量数词直接修饰量词的情况，如

"一脸都是泥""两眼都快哭瞎了""两耳冻得通红"等,这是受到了音节韵律和使用习惯的影响,并不是数词和名词组合的一般规律,汉语中省略量词的用法是少量的。

二、多用量词

多用量词指的是学习者在不需要使用量词的情况下使用了量词,造成量词多余的偏误。但此类偏误相对其他偏误来说数量较少。量词的误加主要出现在使用一些表示时间的度量衡量词时,比如,学生可能会由"三个小时"而错误地类推到"两个天""两个年"等。这是由于学生没有区分表时间的名词和表时间的度量衡量词而造成的使用上的偏误,如:

(误)我学习汉语有两个年了。
(正)我学习汉语有两年了。

(误)他的意见是准备三张纸,每张纸上写两个一个。
(正)他的意见是准备三张纸,每张纸上写两个一。

(误)他们是第二个类人。
(正)他们是第二类人。

(误)王老师是最受欢迎的老师之一位。
(正)王老师是最受欢迎的老师之一。

多用量词的偏误更多时候是指在某些不需要使用量词的句式中使用了量词,如:

(误)我想听听一下。

（正）我想听听。

（误）我想了解了解一下。

（正）我想了解了解。

上面的例句中动词"听""了解"重叠后，已经表示"短暂"或"尝试"之义，不可再用表示类似语义的数量短语"一下"。在这里学习者显然是将两种表达方式叠加在一起了。

三、误用量词

所谓"误用量词"指的是在该用量词甲的情况下使用了量词乙。之所以会出现此类偏误，在很大程度上和汉语量词丰富的数量和极强的个体性有关。对于大多数学习者来说，在学习汉语量词时，除了要学会判断在一定的语境中是否该用量词以及该在什么位置使用量词外，还必须学会在数量庞大的量词系统中选择最正确的那个。对于外国学生而言，要做到这一点还是比较难的，因此出现量词选择上的偏误也就在所难免了。通过统计分析，我们把这一类偏误分成四个小类。

（一）"个"的泛化

"个"的泛化是量词误用中出现最多、最明显的偏误。所谓"个"的泛化，是指汉语学习者广泛地使用量词"个"替代适用范围较窄、针对性较强的个体量词的情况。有的时候，这种替代是合乎语言搭配习惯的，不会对交际表达造成负面影响，我们不把此类替代视为偏误，这是一种语言运用的策略。但有的时候，这种替代是不恰当的，是不合乎汉语搭配规则的，我们将此类替代归结为量词"个"的泛化造成的偏误。尤其是在初级水平的汉语学习者中，这种偏误更为明显。因为在学习中,"个"是他们最早接触到的量词,而"个"搭配名词使用的范围非常广,使用的频率也很高,所以学生很容易把"个"当成万能量词,在遇到不知该使用哪个量词的时候就用"个"来代替,如"一个教室、一个歌曲、一个文章、一个毛巾、一个马、一个牛、一个嘴巴、一个眼睛、一个树、一个花、一个鱼、一个楼"等,再如:

(误)有一次我看过一个新闻。(暨南大学留学生书面语语料库)

(误)我妈妈和爸爸是我最喜欢的人,他们给了我爱、自信,教会我很多东西,没有他们我的人生是一个空白的纸,什么都不会,什么都没有,生活也觉得没意思。(暨南大学留学生书面语语料库)

对于学生造成的"个"的泛化偏误,一方面对外汉语教师可以宽容对待,因为在不知道用什么量词最合适时,他们选择了用"个",应肯定学生使用量词的意识,也应鼓励学生在汉语学习中重视量词的态度,如:

(误)我的房东供给我家具,比如两个床,一个冰箱,一座煤气炉,一个沙发,两个扶手椅,等等。(暨南大学留学生书面语语料库)

另一方面,当看到"两个床""一个冰箱""一个沙发""两个扶手椅"这样的说法时,我们不能马上对之进行否定,以避免因错误太多、规则太细而给外国学生造成学习的心理负担和挫败感。我们应该加以正确的引导,提高外国学生的规范意识,由浅入深地介绍汉语量词的用法。

（二）忽视语境造成的量词选择偏误

前文中，我们提到名词和量词的搭配是多对一的关系。因此，对于同一个名词，有时不止一个量词可以搭配，这会造成外国学生在没有结合具体语境的情况下错用量词。如名词"花"可以和"朵""枝""束"等量词搭配。在"昨天是丽丽的生日，我们送了很大一_____花给她"这个句子中，很多学习者会错误地使用量词"朵"，因为名词"花"和"朵"的搭配是最常见的，这也是他们最先学到的组合，因此，他们会将这种常见的搭配自然地运用到每个地方，造成规则的类推泛化，从而忽视了"朵"和"束"之间的语义差别，也忽视了使用的语境。教师在对外汉语量词教学过程中，在介绍名量词的一些既定规范之后，要介绍量词和相关名词在意义上的联系，尤其要注意量词使用的具体语境，引导学生从语境中去选择量词。

（三）近义量词选择偏误

对于一些使用范围相近或用法相似的量词，外国学生很容易混淆从而产生近义量词选择的偏误。如"根"和"条"，"双"和"对"等。因为"根"和"条"都适用于长条形的事物，"双"和"对"都适用于成对的事物，所以外国学生在使用这些量词时经常出现混用的情况，如"一根毛巾、一条头发、一双夫妻、一对眼睛"等，再如：

> （误）Andrew 的外貌就是一头乌黑油亮的头发，一双明亮的大眼睛，两根粗重的眉毛，鼻梁挺直，大大的嘴巴，中等的个子，矫健的身材，黝黑的脸色，炯炯有神的目光。（暨南大学留学生书面语语料库）

（误）他们拿来一条线，一头绑在篮底，另一头绑在笔尾。（暨南大学留学生书面语语料库）

（误）对面有一双男女看着我。（暨南大学留学生书面语语料库）

（误）经过了一年谈恋爱的时间，黄河和莲君变成了一双非常甜蜜的男女朋友。（暨南大学留学生书面语语料库）

对此，我们应该加强对近义量词的辨析，尤其是它们的区别，从语义源流和常见搭配的角度加以区分。

（四）同音异形量词使用偏误

对于同音异形量词如"颗"和"棵"、"只"和"支"等，外国学生在学习和使用中极易出现偏误，如"一棵珍珠、一棵脑袋、一颗树、一只笔、一只歌、一支手套"等偏误常常出现在留学生的作业中。同音异形的量词本来就是现代汉语量词学习的一个难点，由于这些量词读音相同，但写法和意义不同，在学习的时候极易造成干扰，尤其对外国学生来说，要区分这些量词显得更为困难。因此，在遇到同音异形量词时出现偏误是在所难免的。这些偏误都只出现在书面语交际或者书面作业中，口语中没有。对这些同音异形量词的辨析也非常必要。

四、量词位置错误

相比前面三种偏误而言，外国学生出现量词位置错误的比例更高一些。通过对语料的仔细分析，我们可以发现，此类偏误中大部分都属于"动量词位置不当"。一般情况下，当动量词所修饰的只是一个简单动词时,发生位置不当的机率并不高;但是当动词后有宾语或者动宾式复合词时,常会发生动量词位置不当的偏误,如:

(误)至少每星期一次给我父母打电话。
(正)至少每星期给我父母打一次电话。

(误)虽然他天天很忙,但至少一个星期一次给我们做菜。
(正)虽然他天天很忙,但至少一个星期给我们做一次菜。

(误)至少每个周末一次一起吃饭吧。
(正)至少每个周末一起吃一次饭吧。

(误)正好那时,我男朋友决定一次回国。
(正)正好那时,我男朋友决定回一次国。

除此之外,有极少数偏误属于"名量词位置不当"。此类偏误常常出现在名词前有形容词修饰的情况下,学习者常常误将名量词置于形容词之后,如:

(误)这是可爱的一只小狗。
(正)这是一只可爱的小狗。

(误)我的老师是很好的一位老师。
(正)我的老师是一位很好的老师。

对外汉语教师应针对学生的特点,适当强调汉语量词在句法位置上的特性,以减少位置不当型偏误;应适当强调个别量词在数量方面的要求以及近义量词间的细小差异,以减少误用量词型偏误;还应进一步深化语言本体的研究,探讨不同量词,特别是相近量词不同的语义源流及其与名词、动词的搭配理据,力求帮学生解决量词使用中的"所以然"问题,这样才能够切实提高对外汉语量词教学的效率。

第三节　量词偏误产生的原因分析

量词偏误产生的原因比较复杂，归结起来主要有以下四个方面。

第一，量词的偏误很多是受到学习者母语负迁移的影响。"迁移"是心理学的一个概念，指的是已经获得的知识、技能乃至学习方法和态度对学习新知识、新技能的影响。如果这种影响是积极的，就叫正迁移；反之，便叫负迁移，或称干扰。① 在第二语言学习的初级阶段，学习者母语的干扰作用比较大，这已经是目前学者们的共识，而且也在偏误分析中得到证实，很多学者研究了学习者母语的具体影响情况。比如，在英语中没有量词这一词类，但是有一些表量的形式。如英语的名词"piece""loaf""bar"等都相当于汉语中表个体的量词，它们可以和名词组合搭配，如"a piece of paper"（一张纸）、"a loaf of soap"（一块肥皂）、"a bar of chocolate"（一块巧克力）等。英语中因为这种表个体的词较少故它们的通用性很强，一个量词往往可以和许多名词搭配，如在英语中"一片面包"（a piece of bread）、"一张纸"（a piece of paper）、"一番好意"（a piece of kindness）等都用"piece"，而在汉语中则分别用了"片""张"和"番"等量词。母语为英语的学习者在汉语学习的初期由于受到母语的影响，就可能在量词使用中出现"一张面包"这样的偏误。

---

① 鲁健骥：《对外汉语教学思考集》，北京：北京语言大学出版社，1999年版，第23页。

第二，目的语的干扰也会造成量词使用的偏误。外国学生由于掌握目的语知识不足，他们会把所学的不充分的、有限的目的语知识套用在新的语言现象上，从而产生偏误。这种偏误在心理学上叫作"过度泛化"①。目的语迁移大多在学习者学习的中后期明显地表现出来。比如，学习者学习了"一个小孩""两个苹果""一个书包"后，知道量词"个"的用法非常广泛，很多情况下比其他量词使用频率都高，在实际运用中，他们就会进行类推，在很多不能用"个"的时候也使用了量词"个"，就容易错误地类推到"一个教室""一个狗""一个门"等，从而引起量词"个"的泛化。这种"过度泛化"在一定程度上影响了外国学生对汉语量词的学习和掌握。

第三，缺乏对汉文化的理解和认识所造成的量词偏误。语言是文化的载体，作为语言重要构成部分的词语，承载着历史的记忆，反映着时代的发展，呈露着人们的不同感情。每一种语言中的词语都深深植根于本民族的历史文化。汉语量词独具特色，它除了具有表示数量的意义外，还蕴含着一定的文化意义（也就是社会赋予量词的引申义、比喻义、象征义、感情色彩等特有的含义），如"一层秋雨一层凉"，用量词"层"仿佛可以把秋一层一层地剥下来，写出了秋意和清冷。再如刘禹锡《浪淘沙九首》中的"九曲黄河万里沙"和李白的《秋浦歌十七首》中的"白发三千丈"，用定量表示不定量，意义更为深远，更能表达出作者的情感。缺少对汉语及汉文化的充分认识会直接影响留学生对汉语词语的习得和掌握。汉语中的部分量

---

① 鲁健骥：《对外汉语教学思考集》，北京：北京语言大学出版社，1999年版，第25页。

词形象可感、形象生动，可以说，量词是中国人思维方式的体现之一。

第四，教材中量词内容的编写比较薄弱也是造成量词偏误的一个原因。理想的教材是提高课堂教学质量的基本保证。没有合理安排的教材体例，不仅老师讲起来吃力，而且也影响学习者对学习内容的接受和复习。拿《汉语教程》来说，该教程中专门系统地对量词及其语法特征做出解释和分析的内容很少。只有第一册（上）的第十五课后对不定量词"些"的用法做出了简单的介绍，第一册（下）的第十七课课后注释介绍了"数词＋量词＋名词"的结构，第二册（上）的第四十一课课后注释介绍了动量短语作补语和动量词"次"和"遍"的区别，第二册（下）的五十三课课后注释解释了数量词重叠作状语的用法，以及第三册（上）的第七十课课后注释列举了一些借自于身体和工具的借用量词。此外，量词的巩固都是以练习的方式出现的，虽然第一册的课后练习针对量词有较多的复习和训练，但是量词在课文中的复现率不高，重视程度还不够。量词的习题安排多是替换性练习题，只限于"数词＋量词＋名词/动词＋数词＋量词"结构的记忆强化，而较少对量词进行辨析。对外国学生来说，光讲量词的搭配和结构是不够的，还要作语义解释，要说明该格式中量词与名词或动词的语义关联，这是十分必要的。应该让学生明白一个量词可以搭配的名词和动词的范围、特征，对相近的量词多加辨析并予以区分，以此加深学生对量词的印象，使他们对量词产生更深层次的理解。因此，教材中量词内容编写的薄弱和不科学也是造成学习者使用偏误的原因之一。

第五章 对外汉语量词教学策略和建议

第一节　对教材编排及教师的建议

一、对教材编排的建议

第二语言教学的四大环节包括总体设计、教材编写（或选择）、课堂教学和成绩测试。其中教材是教学总体设计的具体体现，它具体反映语言教学的培养目标、教学要求、教学内容和教学原则，教材又是课堂教学和测试的基础和依据。课堂教学和测试以教材为基础、为蓝本，因此，教材在第二语言教学中发挥着重要作用。教材也是教师教学和学生学习的依据，是教学双方共同的依托，它与教学计划、教学大纲共同构成学校教学内容的主体。

在第二语言教学中，课堂教学一般通过教材来实施，教材内容则依靠课堂教学来贯彻。语言教学最根本的两个方面是教什么和怎么教，并通过教材来体现，通过课堂来落实。一种新的教学方法或者教学理论往往也是通过教材来传播，通过课堂教学来实践的。因此，一方面，课堂教学和教材是相辅相成的双方；另一方面，课堂教学和教材又是互为作用的双方。教材来源于教学第一线，又直接运用于教学第一线，教材接受课堂教学的检验；而教材水平的高低不仅反映教学理论和教学方法研究的水平及达到的深度，而且它又在相当的程度上决定课堂教学质量和教学效果的好坏。总之，教材与课堂教学不仅在第二语言教学过程中共同处于十分重要的地位，并且相互作用，产生着积极的影响。

笔者认为，对外汉语教师可以按照《汉语水平等级标准和等级大纲》中的量词分级来编排量词部分的教学，把量词教学的重点放在汉语学习的初级阶段。《汉语水平等级标准和等级大纲》中规定的四个层级的共136个量词应在教材中得到很好的体现。目前像《汉语教程》和《汉语会话301句》这样的对外汉语教材中所涉及的量词数量还远远不够，应该在教材的课文和练习中再增加量词的数量，尽量避免教材设计和《汉语水平等级标准和等级大纲》要求不一致的情况。对于常用量词，应在课文不同语境中反复出现，以达到使外国学生熟悉并很好掌握的效果。应加强对量词的解释，根据学生的掌握程度还可以结合语用、语境等因素分析，做到举一反三，让学生在学习某一个量词的时候能多了解和掌握与这个量词搭配的其他名词或者动词，掌握这些名词和动词的共同特征。如在讲到"条"这个量词的时候，应该先讲它和表示细长、条状的具体名词之间的搭配，比如"一条毛巾""一条裤子""一条肥皂""一条街道"等，在此基础上再引申到与分项的抽象名词之间的搭配，比如"一条新闻""一条短信""一条标准"等。同时，教学应遵循科学的记忆规律，"记忆遗忘曲线"规律表明，长时记忆的遗忘是先快后慢，遗忘在学习之后立即开始，遗忘的过程最初进展得很快，以后逐渐缓慢。这也提醒我们，学习量词应该趁热打铁，反复巩固、不断循环。对于量词的学习，必须新旧结合，使以前学过的量词在以后的课文和课后习题中定期出现。如果在编写教材时，后一课能出现前一课学习过的量词，并且在以后的课文中也能定期出现以前学过的量词，这样不断循环巩固，既能学好新量词，又能复习学过的量词，长期坚持，一定会对学习者的量词学习大有裨益。因此，教材文章的选择和课后习题的设计要注意量词复现巩固的问题。

二、对教师的要求

根据教育学原理,在教学中,教师是"教"的主体,学生是"学"的主体,教师在教学中始终处于主导地位。虽然量词教学只是汉语教学中一个很小的组成部分,但是量词教学在汉语学习中的重要性是不言而喻的。量词教学要求教师不仅要掌握量词的基本语法知识和理论,还要掌握量词的文化底蕴和历史演变、量词的修辞作用和色彩意义,同时还要掌握一定的外语理论,必要时采用对比分析的方法进行教学,这样才能在量词教学的各个阶段很好地传授给学生量词的相关知识。

在量词教学的初级阶段,教师处于主导性的地位。在一个班级里,学习汉语的学生往往来自不同的国家,由于母语背景各不相同,就会造成他们在思想观念、思维方式等多方面存在差异。这个阶段老师应以讲授为主,循序渐进地引导学生学习量词的搭配、量词的位置、常见量词的用法等,老师可以适当采用对比分析的方法,让学生理解量词在汉语与他们母语中的差别,明白汉语量词的重要性。

在量词教学的中级阶段,教师可以搜集同学们在交谈、作业、考试中有关量词的错误,采用偏误分析法,从外国学生的错误中发现问题。这些问题给我们提供了有益的思考,有利于我们总结归纳规律性的错误。

在对外汉语量词教学这个问题上,首先要求教师要有较高的文化素养和扎实的汉语功底,掌握系统的量词知识。其次,对外汉语教师要能进行汉外语言之间的对比,归纳量词学习的重点和难点,然后通过偏误分析,验证预测,再进一步分析、探讨学生出错的原因,加强量词的理论研究和个案研究,然后通过这一系列的研究分析,找出量词教学的规律,促进对外汉语量词教学质量的提高。再次,对外汉语教师还应加强有关量词的理论研究。理论研究对对外汉语教学有着十分重要的意义,因为本体研究是对外汉语教学研究的基石,只有对汉语量词的本体进行全面、深刻的研究,对量词和名词、动词及形容词的搭配方式和规律研究透彻,才能提高对外汉语量词教学水平。

除此之外,对外汉语教师还应重视量词的应用研究。吕叔湘先生(1986)说过:"汉语的特点在于量词应用的普遍性。"① 但是,现有量词教学和量词的普遍使用是不相适应的。目前的量词研究现状是:纯本体研究较多,应用研究较少;描写性研究较多,解释性研究较少;面向第一语言学习者或研究者的论述较多,面向第二语言学习者或研究者的论述较少……直接面向对外汉语量词教学的,系统性、解释性的研究基本上还属空白。② 量词对于以汉语为母语的中国人来说的确很容易掌握,但是对于母语中没有量词这一词类的学习者来说在学习上有很大难度,在使用上也存在很大问题。他们不知道什么时候该用量词,也不知道用什么量词合适。所以,在加强对现代汉语量词本体研究的基础上,还应加强量词习得的偏误分析和与学习者母语的对比研究。通过对目的语和学习者的母语之间的对比,揭示学习的重难点,帮助学生克服母语因素的干扰。通过偏误分析,还能发现很多习焉不察的问题,探讨学习者出

---

① 吕叔湘:《现代汉语八百词》,北京:商务印书馆,1986年版,第9页。
② 伏学凤:《汉语作为第二语言教学中的量词研究》,载《语言文字应用》,2005年第5期。

错的原因,寻找量词教学的规律和方法。加强面向第二语言学习者的研究,促进对外汉语量词教学受到足够的重视。因此,要培养一支专业的对外汉语教师队伍以进一步促进对外汉语这一新兴学科的发展。

第二节　分层次的量词教学

一、量词本身的易接受程度

任何词类中的词都有难易度之分，词的难易程度大多是由词的使用频率决定的。生活中意义单一、使用频率高的词一般更容易习得，反之则较难掌握。这种词本身的难易度也决定了学习者在习得该词类时的不同接受程度。参照《汉语水平等级标准和等级大纲》规定的量词的四个层级，我们把量词的易接受程度分为以下三个等级。

第一，一般来说，语义单一且常用的量词是外国学习者最容易理解、接受，也是掌握得最好的量词。因此，可以将这部分量词视作量词习得中最容易接受的第一级量词。这部分量词包括一些常用名量词和少数几个常用动量词。名量词主要包括一些常用的度量衡量词，如"元""角""斤""米""公里""两""斤"等，还包括一些语义单纯、搭配范围相对固定的常用的个体量词和集合量词，如"本""张""个""位""条""间""辆""匹""只""双""点儿""些""把""面""顶""匹""只"等。这一级中容易掌握的名量词还包括部分借用量词和临时量词。虽然对初学者来说他们接触到的这两类量词不多，但是对其理解和掌握起来比较容易，也属于易学易懂的量词。汉语的借用量词大多是借用名词而来。这类借用量词分为"容器量词"和"运载工具"。容器量词有"杯""碗""桶""盆""壶""盘""桌""床""池子""柜子"等，运载工具主要有"船""车"等，如：

一杯茶、一杯咖啡

一碗饭、一碗汤

一桶水、一桶金

一盆脏衣服、一盆仙人掌

一壶酒、一壶茶

一盘菜、一盘水果

一桌酒席、一桌饭菜

一床毯子、一床棉被

一池子鱼、一池子水

一柜子书、一柜子衣服

一船人、一船粮食

一车货、一车西瓜

临时量词也是借自名词,而且大多借自表身体器官的名词,如:

一身汗、一身病

满头白发、一头汗水

一鼻子灰、一鼻子水(在游泳池里吸一鼻子水)

满脸皱纹、满脸泪水

一腔热忱、一腔热血

作为汉语学习者,能区分这些名量词的小类并不重要,重要的是能正确理解并学会在交流中运用这些量词。同时,一些很常用的动量词,如"次""遍"也是容易理解运用的量词,应属于这一难度级别。第一级中的量词几乎都是使用频率最高的量词,因此对这些量词的习得是整个量词习得的基础阶段,也是如何正确认识和选用量词的基础阶段,学生应多用多练,打好基础。

  第二，第二级量词应包含一些搭配范围较广、易出现偏误，但是又很常用的名量词和一些专用动量词。量词和其他词语"一对一"搭配的很少，"一对多"才是普遍现象。当一个量词搭配的名词范围较广时，就很容易出现偏误。老师应告诉学生量词和名词、动词的搭配是多种多样的，它们之间的组合不是一一对应的，也不是固定的、唯一的。首先，在理解"数词＋量词＋名词"和"动词＋数词＋量词"结构的基础上，对量词进行语义特征归类，帮助学生举一反三，如"张"，以前学习的是"一张纸"，现在学习的是"一张床""一张手帕""一张桌子"，可见"张"可以计量表示展开的、平面的东西，因此今后如果见到"一张牛皮"就很容易理解了。同时，"张"还有"张开"的意思，所以可以说"一张弓""一张嘴"，这也是"张"早期称量的对象。除此之外，老师还应该结合语体色彩、感情色彩、数量范围等差异帮助学生认识量词的"多对一"现象。如区别"一辆车"和"一部车"在语体上的差异，"一个老师"和"一位老师"在感情色彩上的差异，"一张报纸"和"一份报纸"在数量上的差异。在这个阶段的学习中要逐步让学生接受量词和名词、动词的"一对多"和"多对一"的搭配事实，让学生树立根据语境来选择量词的观念并加以运用。

  第三，第三级的量词包括能与抽象名词或形容词搭配的量词和一些表感情色彩的量词。如"片""团""丝"等都可以和抽象名词及形容词搭配，组成"一片繁荣""一片丹心""一团和气""一丝疑惑"。"一尊佛像""一伙匪徒"中的"尊"和"伙"不同于中性意义的"一座佛像"和"一群匪徒"，而是包含了尊敬或贬斥的感情色彩。这些量词的用法特殊，因此掌握起来有一定的难度。这不仅要求学生能根据语境来选择量词，对学生的汉语水平和中国文化知识也有很高的要求。这一层级的量词教学主要针对高级阶段的学习者。掌握好这一级的量词，不仅仅是会"准确"使用，更重要的是要将"得体"放到第一位。做到了量词使用的得体，也就是达到了量词学习的最终目的。

二、对学习者的不同要求

对学习者的不同要求主要是指根据学习者汉语水平的高低和学习者学习的不同目的来进行量词的教学。应把量词分成外国学生必须学会在说、写中使用的和应该在阅读、听读中逐步理解的两大部分。在说话和写作中必须掌握的量词主要有"只、个、位、条、根、块、团、片、张、面、朵、层、点、粒、滴、棵、堆、叠、座、所、场、排、串、把、头、捆、束、名、双、对、种、群、帮、批、套、本、组、类、项、段、阵、样、件、份、笔、起、页、篇、节、首、封、辆、台、次、回、下、顿、些、代、辈、级"等。另外还包括一些易学易懂的度量衡量词和一些借用量词。外国学生如能较好地掌握这批数量较少的量词，对于应付日常会话和简单写作来说已经足够了。

在阅读和听读中逐步理解并掌握的量词主要是一些搭配对象较抽象、使用频率较低，色彩意义较复杂的量词，如"伙、股、扇、盏、幅、帧、丛、簇、截、番、遭、挺、摊、尾、艘、撇、任、具、方、挂、剂、味、道、沓"等。对这部分量词的学习应在掌握好了第一部分的量词后再进行，讲解时应适可而止，不宜过难过多，而且还应让外国学生逐步学会在语境中理解。

一般来说，对于初级水平的汉语学习者和只是将汉语作为爱好或者生存语言粗略学习的学习者来说，掌握甲级词汇中的量词就可以了。而对中高级水平的汉语学习者和意欲将汉语作为专业进行系统学习的学习者来说，则应掌握甲级、乙级和丙级词汇中的量词，并理解丁级词汇中的量词。

综上所述，只有对学习者的汉语水平和学习目的进行分类，针对不同的交际场合做不同的要求，才能真正做到因材施教，有效提高学生的学习积极性，才可以较快提升学习者运用量词的能力。

第三节　分阶段的量词教学

一、初级阶段的量词教学

本阶段的教学目的是，使学生熟练掌握部分常用量词和量词基本的语法结构（"数词＋量词＋名词"和"动词＋数词＋量词"）。

这一阶段主要针对汉语初学者，先要让他们建立起"数词＋量词＋名词"和"动词＋数词＋量词"的搭配概念。对于欧美学生而言，"数词＋量词＋名词"完全是一种新的语法现象，他们一时之间很难从"a book""three cards"转化为"一本书""三张卡片"，所以要特别强调。"动词＋数词＋量词"的结构同英语中的"I have been there for three years"有一定的相似之处，所以相对于"数词＋量词＋名词"的搭配结构来说，"动词＋数词＋量词"对他们来说并不太陌生，也更容易理解一些。而对于日本和韩国的学生而言，日语、韩语中的量词同样不能直接修饰名词，必须先同数词、数词短语或代词等组合构成短语后才能与名词或动词组合。日韩学生对于"数词＋量词＋名词"搭配的结构很容易理解，关键在于如何选择正确的量词。因此，对欧美学生应先树立量词的概念再教授量词和名词、动词的组合搭配，而对日韩的学生则应强调常见量词使用的正确性。

这一阶段所要掌握的量词都是语义单一的个体量词、集合量词和度量衡量词，搭配规则上也仅限于"数词＋量词＋名词"和少量的"动词＋数词＋量词"结构。因此，教师的教学方法应该以给出搭配好的"数词＋量词＋名词"结构和"动词＋数词＋量词"结构，让学生在即使没有语境参与的情况下，也能判断某个名词、动词应该和哪个量词搭配，如"一（间）教室""一（本）字典""一（张）地图""两（只）小狗""去过两（次）""读一（遍）课文"等。习题设计上可以以连线搭配、选择填空等为主，也可以归类联想，如，"一本书/字典/笔记本""一张纸/报纸/地图"等。通过这些练习来加深学生对量词的理解，并深化对"数词＋量词＋名词"和"动词＋数词＋量词"这一语法规则的认识，巩固对该语法点的熟练程度。

二、中级阶段的量词教学

拿《汉语教程》来说，这一阶段针对已经完成《汉语教程》第二册（上）的学习，并且对所学内容掌握较好，能进行日常听说的学生。在经过了一段时间的学习后，学习者积累了一定的量词数量。但是，他们会发现，一个量词往往可以和几个名词、动词搭配，而同样的一个名词、动词又可以在不同的语境中搭配不同的量词。因此，学习者不由感到困惑，如何正确地选用量词成了他们在这一阶段的量词学习中要解决的首要问题。

量词的正确选用受到多方面因素的制约。在没有任何语境提示的情况下，只要量词和名词、动词的搭配符合汉语语法的规范和言语习惯，就是正确的组合。如"笔"可以说"一支笔""一把笔""一种笔"，"面包"可以说"一个面包""一片面包"，"去"可以说"去一次""去一下""去一趟"。只要符合"笔""面包"和"去"的语义内涵的量词，都符合准确性的原则。而老师的任务则是帮助同学们区分这些量词之间的差异，并帮助同学们学会如何在不同的情景中准确地选择量词。比如，"支"用于笔的数量为"一"的时候；"把"用于笔的数量较多，可以用一只手全部握住的时候；"种"用于指不同种类的笔的时候，如铅笔、钢笔、毛笔、水彩笔；"一个面包"和"一片面包"体现的是面包在形体上的差异；"次"体现了"去"这个动作重复的次数；"下"表示"去"这个动作经历的时间非常短；"趟"表示的是"去"这个动作经历了一去一来，表往返。

在这个阶段，老师可以适当从语义、语用、来源、色彩差异、修辞等各个角度来对量词进行分析，以帮助学生正确地选择量词。选择量词时要在确定语言规范的基础上，立足语境，用最恰当的表达来完成量词的选择，这样，才能达到量词使用的准确、规范、得体。这一阶段的练习可以先通过归类总结某个名词或动词可以搭配的量词，或者一个量词可以搭配的名词和动词的范围，然后考察在不同的语境条件下出现的同一名词或动词如何与量词的相互选择问题。对此，不管是选择题还是填空题，都要反复练习以达到最终正确使用量词的目的。

三、高级阶段的量词教学

这一阶段主要针对已经完成《汉语教程》第三册（上）的学习，汉语词汇积累比较丰富，阅读能力较强，口语和听说能力都比较优秀的学习者。量词教学的内容主要涉及在较高水平阅读和写作中存在比较难理解的有关量词的问题。汉语量词丰富多彩，随着学习者积累的量词数量的增加，辨析的难度也随之增加，特别是量词与抽象事物的搭配更是难以把握。抽象事物不见其形，本来就比具体事物难理解，当它们与量词搭配时，量词便担负起了描摹、修饰的责任，使抽象事物本身更具形象性，如"一丝惆怅""一片美好的景象""一份爱心""一团和气""一线希望""一股暖流"等。这一阶段的教学已经不再停留在量词使用的正确和得体上了，而是开始关注如何形象、生动地使用量词。

我们知道，具体事物可以用容器计量，如"一袋水果""一壶酒"等。其实人的身体和一些器官本身就是容器，有关思想、情感等抽象的概念可以被分割成一个个小的部分，以人体自身的身体器官为单位来计量，如"一脑子馊主意/歪点子/想法/腐败思想""一肚子苦水/油水/花花肠子""一身正气/豪气/霸气/铜臭""一脸疲惫/倦容/笑容/忧伤/妩媚""一腔热血/忠心/正气"。

量词与抽象事物组合时语义虚化，数词只能用"一"。二者组合后有"泛指事物的全部量"的意思，即"全、满"之意。要掌握好量词与抽象名词的组合不仅要求学习者能自觉地根据上下文语境来选择量词，而且还要求学习者有较高的汉语言文化背景知识。

在这一阶段，老师应帮助学生体会和欣赏量词的修饰作用。老师可以带领学生阅读一些经典文章中的名句，通过比较原句和修改后不包含恰当量词的例句，让学生去领会和感知量词修饰抽象事物和形容词的不同表达效果。习题设计上，可以设计几个都正确的量词作为备选答案，然后让学生选出最贴切、生动的量词。

第四节　教学方法建议

一、辨析相近量词和易误用量词

辨析相近量词和易误用量词是指区分一些表量作用相近的量词和同音量词，表量作用相近的量词如"点儿"和"些"、"双""对"和"副"、"次""回""遍"和"趟"、"根"和"条"、"群""批"和"堆"等，同音量词如"只""支"和"枝"等，以及要注意区分容易与其他词类混淆的一些词，如"有点"和"一点儿"等。

（一）"点儿"和"些"

第一，"点"和"些"都是不定量词，都可以与数词"一"组合成短语表示不定的数量。例如，"一点儿时间"和"一些时间"表示的时间的量都是不定的。"一点儿"和"一些"都可以与名词搭配，如：

一点儿东西
一点儿办法
一些钱
一点儿菜
一些米饭
一点儿力量
一些事情
一点儿感想
一些资料

一些意见

一点儿问题

一些内容

"点儿"和"些"前面的数词只能用"一",不能说"两点儿东西""两些东西"。

第二,"一点儿"和"一些"后面加名词构成定中短语作宾语时,其中的"一"可以省去,如"吃点儿菜""喝点儿酒""买点儿东西""找些人""看了些书""讲些故事"。

第三,"点儿"和"些"都可以与代词"这""那""这么""那么"搭配组成短语使用,如:

这点儿事

这些人

那点儿东西

那些礼物

这么点儿菜

这么些苹果

那么点儿内容

那么些材料

第四,"点儿"和"些"都可以用在形容词之后,表示量略有增加或略有减少,如:

高一点儿

便宜一点儿

多一些

大一些

辛苦一点儿

矮一点儿

好一些

烫一些

"点儿""些"中间的数词"一"也可以省去,说成"高点儿""多些""矮点儿""好些""烫些"等。

第五,"点"可以重叠强调少量,可以是ABB式,也可以是ABAB式,但是"些"不能重叠,如:

懂了一点点

一点点力气也没有

一点一点地吃

第六,"点"在与"意见""看法""想法""内容"等名词配合时,前面的数词不限于"一",可以说"两点意见""三点看法""几点想法"之类。"点儿"前面还可以和数词"半"组合,而且经常跟否定词搭配,强调数量很少,如:

没有半点儿犹豫

半点儿也没吃

半点儿也不会

"点"组成的短语前面可以加"第""头""前"等,如"第一点""头两点""前几点"等。

(二)"双""对"和"副"

《说文解字》:"双,鸟两枚也。"[①] "双"本义指一对、两个,在此意义上引申为量词。吕叔湘(1986)在《现代汉语八

---

① 许慎撰,徐铉校订:《说文解字》,北京:中华书局,2004年版。

百词》中这样解释"双"的用法:"双"用在左右对称的某些肢体、器官或成对使用的东西(多半是穿戴在肢体)上的①,如:

一双手

一双脚

一双眼睛

两双袜子

一双手套

一双筷子

《说文解字》:"对,应无方也。"② "对"本义指回答,引申为朝向、面对。由应对双方又引申为成对的,配偶;还可以引申为量词,与成对的东西搭配。《现代汉语八百词》中把"对"的用法解释为、用于按性别、左右、正反等配合的两个人、动物或事物③,如:

一对夫妻

一对男女

一对鸳鸯

一对金鱼

一对翅膀

两对枕头

一对花瓶

一对沙发

---

① 吕叔湘:《现代汉语八百词》,北京:商务印书馆,1986年版,第507页。
② 许慎撰,徐铉校订:《说文解字》,北京:中华书局,2004年版。
③ 吕叔湘:《现代汉语八百词》,北京:商务印书馆,1986年版,第181页。

一对矛盾

《说文解字》:"副,判也。"① "副"本义是用刀剖开。因为剖开的事物分成了两部分,相互间有相称相配的关系,所以引申为"相称、相配"。在此意思上,再引申为量词,用于表示成对的物件。《现代汉语八百词》认为,"副,用于成对或配套的东西"②。如:

两副手套

一副对联

一副象棋

一副眼镜

一副牌

四副碗筷

一副假牙

另外,"副"作为量词也用于中药,如"抓了三副中药""这一副中药有十二味药"。

又因为"副"在上古汉语中有"首饰"之意,是古代王后及贵妇的一种首饰。因此,引申为量词后,它还可以用来和表示首饰或装饰的物件搭配,如"一副耳环""一副手镯"。后来又发展为和表示人的面貌和体态的名词配合,如"一副神态""一副表情""一副身材"等。

综上所述,"双"指成对使用不可分的事物,如"一双筷子""一双眼睛""一双鞋""一双袜子""一双手";"对"

---

① 许慎撰,徐铉校订:《说文解字》,北京:中华书局,2004年版。
② 吕叔湘:《现代汉语八百词》,北京:商务印书馆,1986年版,第212页。

和相匹配又可分的事物搭配,如"一对夫妻""一对耳环""一对矛盾";"副"是若干个(包括两个)构成整体之后成套使用,如"一副眼镜""一副球拍""一副牌"。另外,人体佩戴的成对使用的物品"手套""耳环"等既可以用"双",也可以用"副"。

(三)"次""回""遍"和"趟"

这几个动量词都可以用在"动词+数词+动量词"的结构中作动词的补语,表示动作行为重复的次数,如"去过几次""听了两回""看了一遍""走一趟"等,但它们的侧重点、使用频率和使用语境是有区别的。

1. 次

"次"作量词时,用于反复出现或可能反复出现的事情。第一,它可以用来表示一定时期某事物重复的次数,如"一次讨论""一次旅行";第二,它可以表示动作重复的次数,同"回",如"做了几次实验""初次来北京"。在这四个动量词中,"次"的使用范围最广,多用于书面语中。

2. 回

第一,"回"作动量词时,指事情、动作的次数,如"来了一回""听过两回""一回生,两回熟"等;第二,它可以指说书的一个段落,章回小说的一章,作名量词,如"《红楼梦》有一百二十回""且听下回分解"等;第三,用于事情时,它相当于"桩""件",作名量词,如"这是两回事""怎么回事?"之类的表达,"回"在口语中的使用频率较高。

3. 遍

"遍"指一个动作从开始到结束的整个过程,如"这部电影我看了三遍""问了几遍""把钱又数了一遍"。"遍"侧重动作的完整性，宾语一定是从头到尾经历的事物，因为"遍"的本义是"尽"或"周匝"，如"复习了三遍课文""重新抄了一遍作业"等。

4. 趟

"趟"用于表示走动的次数，如"去了一趟北京""亲自走一趟"。"趟"用作动量词时强调动作的一去一来，可表示：一，行走的次数，如"跑了一趟银行""去了一趟超市"等；二，跟行走有关的动作行为，如"开了一趟车""辛苦一趟""送了一趟东西"等。"趟"也可作名量词，后跟有关的交通工具，如"一趟车""一趟班机""新开一趟火车"等。

（四）"根"和"条"

《现代汉语词典》对"根"和"条"作量词时的解释都是"用于细长的东西"，可见他们有一些共性，因此在使用中也是很容易混淆的一对量词。首先，它们都可以和长条状的东西搭配，如：

一根（条）树枝

一根（条）绳子

一根（条）线

一根（条）带子

一根（条）链子

一根（条）鞭子

其次，虽然都可以这样搭配，但是它们表达的感受却不一样。"根"给人一种"硬"的感觉；"条"则给人一种软的感觉。这是因为"根"的本义是"草木的根"，而"条"的本义是"小树枝"。所以有些表示比较"硬"的东西只能和"根"

搭配，如：

　　一根管子

　　一根筷子

　　一根棍子

　　一根柱子

　　一根木棒

　　一根扁担

"根"还用于和带根的细长的东西搭配，如：

　　一根小草

　　一根葱

　　一根麦穗

　　一根头发

　　一根胡须

"根"还可以和一些细小、长条形的东西搭配，如：

　　一根针

　　一根火柴

　　一根牙签

"条"多和表示"软"的长条形东西搭配，如：

　　一条裤子

　　一条围巾

　　一条裙子

　　一条毛巾

　　一条领带

而某些以固定数量合成的长条形事物,只能用"条"不能用"根",如:

一条肥皂

一条香烟

除了上述的用法,"条"还可以用于"分项的抽象事物",如:

一条新闻

一条办法

一条纪律

一条标准

一条制度

一条意见

由于"条"多和细长且柔软的事物搭配,可以进一步扩大到和山脉、河流、道路、动物、人体等搭配,因为这些事物也具备了"细长、柔软"的特征,如:

一条山脉

一条峡谷

一条小溪

一条河流

一条山路

一条街道

一条走廊

一条蛇

一条鱼

一条龙

一条胳膊

一条腿

一条眉毛

一条好汉

(五)"只""支"和"枝"

"只""支"和"枝"是一组同音量词,也是很容易混淆的一组量词。"只"的本义与鸟有关,所以"只"作量词时多用于动物(多指飞禽、走兽),如:

一只狗

一只猫

一只鸭子

一只虾

一只狐狸

一只蝴蝶

一只猴子

"只"也可以用于某些成对东西中的一个,如:

一只耳朵

一只眼睛

一只袜子

一只鞋

一只脚

一只耳环

一只手套

"只"还可以用于某些器具或者船只,如:

一只盒子

一只箱子

一只船

一只小舟

一只舰艇

"支"和"枝"本义都指树枝,都可以用于杆状的物件,如:

一支(枝)枪

一支(枝)钢笔

一支(枝)蜡烛

一支(枝)箭

一支(枝)烟

"支"还可以用于队伍,如:

一支军队

一支人马

一支文化队伍

"支"也可以用于歌曲或乐曲,如:

一支山歌

一支曲子

一支交响乐

"枝"则用于带枝子的花朵或者树枝,如:

一枝玫瑰

一枝花

一枝柳条

一枝树杈

（六）"群""批"和"堆"

"群""批"和"堆"都是不定量词，都表示若干人或事物的量是不确定的。"群"用于聚集在一起的人或者动物等，如：

一群人

一群猴子

一群小孩

一群鸡鸭

"批"用于大宗的货物或者较多的人，而且是在同一段时间中一次出现的多个东西或人，往往含有不止这一批，在此之前和之后还有的意思，如：

这批货

第一批工人

那批牛奶

一批产品

一批新同学

"堆"用于成堆的物或者成群的人。用于物时指堆积的东西，用于人时指围聚在一起的人，含有一个挤着一个的意思，如：

一堆白菜

一堆砖头

一堆黄土

一堆人

"堆"也可以用于抽象的事物，如"一堆问题""一堆意见"等。

（七）"一点儿"和"有点儿"

"一点儿"和"有点儿"都表示程度不深，但"一点儿"是不定量词短语，"有点儿"是程度副词，用在动词或形容词前作状语，表示程度轻微，常伴有不如意的意思。它们在句中的位置和意思也都不同。

第一，"一点儿"用在形容词的后面，"有点儿"用在形容词的前面，如：

高一点儿
有点儿高
快一点儿
有点儿快

第二，"一点儿"可以用在名词前，"有点儿"还可以用在表心理活动的动词前，如：

吃一点儿东西
喝了一点儿酒
有点儿想
有点儿怀念

第三，"一点儿"前的形容词前不能加"不"，"有点儿"后面可以有否定词"不"，如不能说"不贵一点儿""不好一点儿"，但是可以说"有点不高兴""有点儿不干净"。

二、寻找量词选择的理据

汉语是以理据性为编码基础的语言。[1] 汉语量词就反映了这种编码特征,而且量词的理据又有多侧面的选择趋向。汉语量词的形体特征、附加意义和文化色彩是量词理据的三种不同选择。

(一) 汉语量词的形体特征

汉语量词的理据,表现在当它直接概括反映客观事物时,就给人以直觉感。当我们用量词进行表达的时候,能表现出一种形体特征。例如,汉语量词普遍使用的借用名量词及部分量词就反映了这种特征,如"一箱苹果""一杯水""一碗饭"等,其中量词"箱""杯""碗"都是再现客观事物的实物形体,具有鲜明的形体特征。

但汉语量词的形体特征不是汉语所独有的。印欧语系语言也借用名词来表量,也有形体特征[2],如:

英语:

a cup (glass) of tea   (一杯茶)

a box of milk   (一盒牛奶)

a box of matches   (一盒火柴)

a basket of eggs   (一篮鸡蛋)

---

[1] 何杰:《现代汉语量词研究》,北京:民族出版社,2001年版,第80页。
[2] 转引自何杰:《现代汉语量词研究》,北京:民族出版社,2001年版,第81页。

法语：

une tasse de thé	（一杯茶）
une brique de lait	（一盒牛奶）
une boîte d'œufs	（一篮鸡蛋）
une boîte d'allumettes	（一盒火柴）

这些例句中的"杯""盒""碗""盘"等都是名词，但起了表量的作用，与汉语的借用名量词具有相通性。由此可见，形体特征并非汉语量词的独有特征，这也反映出不同语言的共性。

（二）汉语量词的附加意义

词汇是语言的基本单位。词义在传达人们对客观世界的认识时，往往包含了两个层次上的认识：一是人们对事物的理性认识，这种理性认识构成了词的理性意义；二是人们看世界时的主观因素，如心情、评价、价值观等。这些主观因素附着在理性意义上，使词汇在用于交流时不可避免地带上了一些色彩上的附加意义，也就是词汇的附加意义。量词当然也不例外，概括起来，量词的附加意义可以分为三种：形象色彩、感情色彩和格调色彩。

1. 量词的形象色彩

汉语量词的理据表现在当它具有描绘性和比喻性时，就给人以具体的形象感。这种形象感包含着人的主观意味。量词所负载的这种形象意味，就是汉语量词的形象色彩。[①] 汉语中具有形象色彩的量词是非常丰富的。

---

① 何杰：《现代汉语量词研究》，北京：民族出版社，2001年版，第58页。

(1) 表示根状、杆状、线状、条状的量词，如：

　　根：一根扁担

　　串：一串糖葫芦

　　柄：一柄长剑

　　支：一支笔

　　棵：一棵树

　　炷：一炷香

　　股：一股清泉

　　丝：一丝头发

　　路：一路部队

　　列：一列火车

　　道：一道光

　　排：一排房子、一排白杨树

　　行：一行飞雁、一行白鹭

　　条：一条缝、一条线

(2) 表示弯形、钩状的量词，如：

　　弯：一弯细眉、一弯新月

　　钩：一钩月影

(3) 表示方形的量词，如：

　　块：一块香皂

　　台：一台电视机

　　方：一方砚台

　　片：一片海

(4) 表示圆形、环状的量词，如：

　　轮：一轮明月

　　面：一面鼓

　　盘：一盘石磨

　　丸：一丸药

　　卷：一卷钢条

　　团：一团乱麻

　　筒：一筒纸卷

(5) 表示堆状的量词，如：

　　堆：一堆粪土

　　座：一座铜钟

　　尊：一尊佛像

　　垛：一垛麦草

　　坨：一坨面团

(6) 表示点状的量词，如：

　　滴：一滴水

　　粒：一粒米

　　点：一点墨

　　颗：一颗珍珠

　　星儿：一星儿菜花

(7) 表示疙瘩状的量词，如：

　　嘟噜：一嘟噜葡萄

　　疙瘩：一疙瘩糖

　　瘩啦：一瘩啦苦瓜

(8) 表示丛状的量词,如:

丛:一丛灌木

簇:一簇鲜花

蓬:一蓬野草

汉语中有丰富的个体量词,在对外汉语教学中我们应突出强调这部分量词。前文我们讲过,量词与名词的搭配不是一一对应的,一个名词可以与多个量词搭配。拿"池塘"来说,可以说"一个池塘""一方池塘",也可以说"一片池塘"。为什么会出现这些搭配,究其原因,那就是个体量词的"形象色彩"。因为同一名词与不同量词的搭配带来的是不同的选择效果。比如,"一个池塘"中,"个"是一个形状比较模糊的量词,它的表数性强,当人们说"一个"池塘的时候,关注的是数量"一个",至于是什么样的池塘,大家并不知道也不必知道。而"方""片""面"就不同了。"方"强调的是面积小,具体形状应是规则的多边形;"片"则强调面积大且形状不规则,一眼望去,看不到边际一样;而"面"更强调是"池塘"中水的形态和稳定性,水面平静,如镜子一般。由此,我们可以看到,同样是和"池塘"搭配,除了"个"之外的其他三个量词,其主要功能已经不再是表计量的作用了。这些量词的作用是表事物的形象色彩,因而有修饰的作用。

2. 量词的感情色彩

词在传达人们对客观世界的认识时,都不可避免地带上了人们对该事物的爱憎意味和褒贬评价。量词也不例外,除了表量,量词也包含着人们的感情因素。这种主观上的感情,就是量词的感情色彩,也叫量词的情态色彩。胡裕树先生(1981)

认为:"有些量词本来没有感情色彩,如果我们把它运用到一个特定的语言环境中,也会临时带上某种感情色彩而确切地表达我们的思想感情,如:'黑呢子马褂缎子鞋,洼洼里来了个崔二爷。一颗脑袋象个山药蛋,两颗鼠眼笑成一条线','颗'本是一般的物量词,用来表示'脑袋'和'眼睛',就有一种讽刺、憎恶的色彩。"①

何杰(2001)在《现代汉语量词研究》一书中,把量词的感情色彩分为以下几类:

(1) 表敬重与褒奖;

(2) 表厌恶与贬斥;

(3) 表郑重;

(4) 表随意;

(5) 表珍惜。②

也可以把量词的感情色彩分为以下几类:

(1) 表尊敬与蔑视;

(2) 表褒扬与贬斥;

(3) 表珍重与随意;

(4) 表喜爱与憎恶;

(5) 表珍惜与轻视。

但是,从教学尤其是从对外汉语教学的角度看,这样的分类方式对留学生来说,显得过于复杂难懂。因此,为了方便教学,可以把量词的感情色彩分为正面、负面和中性三类。按照这种简单易懂的分类方式,我们可以尝试分析以下例句:

---

① 胡裕树:《现代汉语》,上海:上海教育出版社,1981年版,第455页。
② 何杰:《现代汉语量词研究》,北京:民族出版社,2001年版,第95页。

(1) 两位青年工人协助民警抓住了一伙歹徒。

(2) 他是个细心人，不是那号冒失鬼。

(3) 就是在皇城人海中，租人家一椽破屋来住着。

(4) 你们烟村的男女老少，都是一窝子匪类。

(5) 李开复的离开使微软失去了一员大将。

上文例（1）中的量词"位"和"伙"分别用于"青年工人"和"歹徒"前，前者表示褒扬，后者表示贬斥。例（2）中的"号"用在冒失鬼前，也是贬斥意，斥责他的冒失。例（3）中临时借用"椽"作量词来修饰"破屋"，表现的是作者对故都秋天的深切眷恋，这里的"椽"表示珍惜，亲切的感情。例（4）中用"窝"来形容"匪类"，也是贬义色彩，表示憎恶。例（5）中用"员"来形容"大将"则有一种敬重和赞赏的意味。在教学中，我们可以引导学生这样理解，例句中的"位""椽"和"员"表示的是正面的感情色彩，而"伙""号"和"窝"表示的是负面的感情色彩。

需要注意的是，量词的感情色彩绝非一成不变的，即使是带有正面感情色彩的量词由于出现的语境不同，也可能表示负面的意思，反之亦然，如：

(6) 他就是那位大字不识一个的教书先生。

(7) 这一帮小鬼顽皮得很。

例（6）中，用"位"来修饰"大字不识一个的教书先生"不再是表示尊敬，而是带上了讽刺、嘲笑的意味，"位"的色彩也由正面的、褒义的转为负面的、贬义的。例（7）中的"帮"原本表示的是厌恶、贬斥的感情色彩，在这里用于修饰"顽皮的小鬼"则显出作者的喜爱之情。"帮"的色彩意义也由负面的转为正面的色彩意义。

3. 量词的格调色彩

语言使用者因交际目的不同,或者因交际场合不同而往往选用基本意义相同而格调色彩不同的词语。量词也具有不同的格调色彩。量词的格调是由于人们出于不同的交际目的,在不同的交际场合,通过选用不同格调的语体来表达形成的。当然,量词格调色彩的形成跟语境和民族文化等都有关系。一般来说,量词的格调色彩分为:书面语格调和口语格调。这种格调即是语体的差别,是由于语境不同而形成的使用语言的特点。

第一,书面语格调。书面语体严密规范,文雅庄重,逻辑性、层次性强。带有书面语格调的量词显得庄重、典雅、严肃,如:

一抹斜阳

一泓清泉

一弯新月

一道瀑布

一丝希望

一树梨花

第二,口语格调。口语体通俗自然,灵活生动,富于感情。带有口语格调的量词通俗易懂,简单随意,如:

一撮泥土

一绺胡子

一茬庄稼

半截儿裤腿

一疙瘩糖

量词的附加色彩意义具有普遍性。吕叔湘先生（1979）在《汉语语法分析问题》中说过："只有'个'是个无色彩的单位词。其它单位词都或多或少保存着点意义，还没有完全丧失它的实词性。"① 所以，了解汉语量词的附加意义，对于量词的教学和运用都有很好的实践意义。

（三）汉语量词的文化色彩

母语和目的语两种语言之间存在的文化差异也是第二语言难学的原因之一。汉语量词绝大部分是由其他词转化而来的，本身蕴含着非常丰富的文化意义，在对外汉语教学过程中适当挖掘量词的文化内涵显得尤为重要。教师应把文化知识化整为零，在不知不觉中自然引入，相互渗透，使学生乐于接受，也易于接受。同时，适当的文化内容教学也能为枯燥的语言课平添乐趣，活跃课堂气氛，加深形象记忆，提高学生的学习兴趣。例如，在教量词"头""匹"时，教师可以引导学生思考为什么同样是动物，牛用"头"而马却要用"匹"。我们不妨在教学过程中充分挖掘这两个量词的文化内涵，告诉学生：牛，在我们的祖先造字时，就已注意到了它那弯弯的犄角所独具的传神效果，突出了"牛"的角，到了现代汉语中，人们也就很自然地用"头"来限定它，突出它的特征；马的皮毛光亮滑爽犹如绸缎，于是人们用修饰绸缎的量词"匹"来计算马的数量。同样，都是指药，有时说"一味药"，有时说"一服药"，还有的时候说"一剂药"。那么"味""服"和"剂"究

---

① 吕叔湘：《汉语语法分析问题》，北京：商务印书馆，1979年版。

竟有什么不同呢？量词"味"来自它的名词用法。中医根据药的气味即辛、酸、苦、甘、咸来对症下药，因此"味"就成了中药的计量单位。"服"则来自它的动词用法，即服药。用作动词后，仍有服药一次的意思，如：一天一服，就是指一天服用一次药。这是从服用一次药的药量上说的。"剂"本来是指药剂、汤剂、丸剂，用作量词后指一次服用的量，同"服"。一服药或者一剂药可以是由若干味药组成的。通过这种形象有趣的讲解和联想，学生往往能够比较容易地掌握，并产生继续学习下去的兴趣。当然，在对外汉语量词教学过程中，量词文化意蕴的挖掘要注意一个适时适度的问题。汉语量词的文化底蕴依托于历史文化背景，要在课堂上对外国学生讲清讲透有相当的难度。当外国学生对中国历史文化缺乏感性和理性认识的时候，文化底蕴的分析势必遇到很大的障碍，那么在教学过程中就不该一味挖掘量词的文化内涵了，而是应该给学生最必要最基本的信息，以免影响教学的进度和效果。量词文化底蕴的挖掘主要应安排在学习的中高级阶段进行。

三、量词的规范和简化

早在1924年，黎锦熙先生便指出："量词的种类＝国语的特点。"[①] 在近十几年的研究中，学者们对汉语量词的研究也越来越深入，同时对量词的论述也变得越来越抽象，出现了许多连中国人都搞不清楚的量词种类名称，如表时动量词、表程动量词、定量词、时量词、约量词、天然量词、人为量词、表敬量词、陪伴量词、表型量词、称量量词、量词含数、模糊量

---

① 黎锦熙：《新著国语文法》，北京：商务印书馆，1998年版，第81页。

词、无形量词、定时量词、量词片语、指量短语、定数量词、不定数量词、零量词结构、拷贝型量词等,量词的小类名目繁多、种类复杂,中国人都会摸不着头脑,更不用说外国学生了。

1987年,在郭先珍编著的《现代汉语量词手册》中只收了150个量词,而陆俭明先生在1988年统计的汉语中的"常用量词"竟达到630个,随后陆俭明在1991年出版的《现代汉语常用量词词典》中收录的量词更是多达789个,由此可见量词的丰富性与繁杂性。这种现象一方面显示了汉语量词的与时俱进与丰富灵活,说明了随着时代的发展和社会的进步,语言不是一成不变的,而是也在发展壮大。汉语量词的数量进一步扩大,也说明我国语言学研究充满了活力,紧密关注新的语言现象,紧跟社会和时代的步伐。但另一方面,量词的繁杂又给外国学生学习和掌握汉语造成了极大的障碍,让外国学生觉得量词的学习难上加难。

长期以来,我们对量词的研究常常偏重于正面价值的肯定,对其难学、误用的负面影响虽然偶有提及,却缺乏深入的分析,更没有将这一问题上升到汉语规范化的高度加以认识。

从比较语言学的角度看,量词繁多的原因主要有以下三点。

第一,由于相同表量单位的量词在使用习惯上和来源上的不同所导致的并列现象。这一问题在名量词范围内的个体量词中表现得尤为突出。所谓"个体量词",是相对于"集合量词"而言的,它表示的都是单个的量。由于个体量词的表量内容过于单纯,所以在英语等很多外国语言中并不存在,如"a cow""a horse""a dog""a cat"。在这里,数词"a"的后面直接加名词,而没有相应的量词。然而如果将它们翻译成现代汉语,便成了"一头牛""一匹马""一条狗""一只猫"。在这里,作为量词的"头""匹""条""只"在表量的功能上没有任何差异,在修辞的功能上也没有什么不同。但是,它们和名词之间的固定搭配却是不能互换的,不能说"一匹牛""一只马""一头狗"。同样,我们也很难区分"一面墙"和"一堵墙""一条沟"与"一道沟"的差异。因为除了某种约定俗成造成的使用习惯上的差异,更多的还涉及量词的来源和本义,对此,教师可以在学生能理解的范围内适当地对量词追根溯源,以帮助记忆。

第二,汉语量词的繁多是由于表量单位的模糊所导致的并存现象。表量单位的模糊是由所指对象数量的模糊所造成的,因而在很多语言中,都有这种表示单位模糊的表量词存在,就像英语中的"a great deal of""a lot of""a few of""a little of""a sort of""a bit of""few of""little of"等一样。问题在于,英语中的这类量词尽管所表示的对象数量是模糊的,但它们彼此之间却有着一种相对的区分。这种区分既表现在可数名词与不可数名词的属性上,又表现在其相互之间的差别上。也就是说,它们在绝对的意义上是模糊的,在相对的意义上却是清楚的。而汉语中的情况却不尽如此,虽然我们也有一些能够区别的模糊量词,但更多的量词则很难区分。例如,我们不仅说不清楚"一伙人"和"一帮人"、"一批人马"和"一队人马"究竟指的是多少,而且也弄不明白是前者多于后者还是后者多于前者。除了名量词之外,这种含糊不清的情况,在动量词中也存在。谁能说清楚"干一番""干一阵""干一通""干一回"究竟分别要用多少时间呢?谁又能明白它们之间究竟有哪些差异呢?对于这种过于模糊而又繁杂的量词,亦可考虑适当地进行规范与合并。

第三，汉语量词的繁多是由于表量内容相同而修辞色彩不同所造成的并生现象。这种情况很多，也最为复杂。大致说来，又可分成三类。首先是形象色彩。例如，"一只小舟"和"一叶小舟"，二者的表量功能是一样的，但修辞功能却不尽相同：后者比前者更具有形象性。其次是情感色彩。例如，"一座大佛"和"一尊大佛"，二者的表量功能是一样的，但修辞功能却不尽相同：前者是客观的描摹，后者则多了一份尊敬。最后是格调色彩。例如，"一座别墅"和"一幢别墅"、"一勺子稀饭"和"一调羹稀饭"，二者的表量功能是一样的，但修辞功能却不尽相同：前者具有口语特征，后者具有书面语特征。相对而言，汉语中的这类量词并不太多，而且随着口头语言与书面语言的彼此融合、科学语言与文学语言的相互渗透，有时候它们之间的界限也越来越模糊。

综上所述，汉语量词的繁多既可使语言显得丰富、细腻，又会使语言显得繁复、难学难懂。量词数量的庞大和复杂加重了学习者记忆上的负担。这一现状严重地妨碍了外国学习者对汉语的学习热情。而我们所谓规范化的努力，是要在维护量词正面价值的基础上减少其负面的影响，避免深奥却似是而非的理论，还原量词朴实的真面目。

结　论

　　一直以来，量词教学都是对外汉语教学的重点和难点。目前对量词的研究呈现不均衡的状况，纯本体研究较多，应用研究较少；面向第一语言学习者的论述较多，面向第二语言学习者的论述不足。因此，本书在传统量词本体研究的基础上，结合了新时期汉语量词的发展演变，分析了一些新量词和量词的新用法，从来源、认知、语境、修辞等方面对量词展开多角度的分析，并将量词与对外汉语教学结合起来，分析了汉语量词和英语表量词的对应关系，以对外汉语教材为依据，考察一些教材在量词方面的编排和外国学生在量词方面的习得状况，进而评估对外汉语量词教学的现状，探讨与量词有关的偏误及偏误产生的原因。经过分析调查，大致可以将对外汉语量词教学现状描述如下。

　　在教材的编排方面，量词在当下流行的几种汉语教材的分布中不够完整和科学、量词的复现率不高、数量不够。教材对量词的解释偏弱，主要侧重于它的语法功能，很少从语义特征和搭配理据等角度对量词进行解释。练习题型不丰富，对习题的设计主要限于对量词结构的选择和填空，而缺乏对量词之间进行辨析的练习。

　　在教学方面，学习者对"数词＋量词＋名词"和"动词＋

数词+量词"的结构掌握比较好,但是仍然容易出现缺少量词、多用量词、误用量词和量词位置错误等偏误。对量词搭配规律的掌握和量词间的辨析比较薄弱。处于教学主导地位的教师,有不少对量词的文化底蕴和色彩意义等缺乏深入的了解,教学方法比较单一,缺乏一套有效、完整的教学方法。

根据量词教学的现状,笔者提出了分层次和分阶段的量词教学策略,即既要根据量词内部的难易度,又要针对学习者的不同水平和不同学习目的来进行量词教学。在汉语学习的初级、中级和高级阶段,应对学习者提出不同的量词学习要求,从易到难,从简单到复杂,做到举一反三、触类旁通。本书还提出了一些量词的辨析方法,从量词的形体特征和附加意义等角度进一步探求量词搭配的选择理据。在文末,笔者提出在对外汉语教学中应规范和简化量词,避免过于深奥的理论,还原量词朴实的真面目,以期提高量词教学的质量。

附　录　对外汉语教学中的常用量词表

序号	量词	注音	搭配名词举例
1	把	bǎ	菜刀、剪刀、宝剑、铲子、铁锹、尺子、扫帚、椅子、锁、钥匙
			伞、茶壶、扇子、提琴、手枪（支）
2	包	bāo	礼物（件）、炸弹、东西
3	本	běn	书（部、套）、著作（部）、字典（部）、杂志（份）、账
4	杯	bēi	水（瓶）、酒（瓶）、饮料（瓶）、果汁（瓶）、咖啡（瓶）
5	部	bù	书（本、套）、著作（本）、字典（本）
			电影（场）、电视剧、交响乐（场）
			电话机、摄像机（架、台）
			汽车（辆、台）
6	场	chǎng	雨、雪、冰雹、大风
			病、大战、官司
			电影（部）、演出（台）、话剧（台）、杂技（台）、节目（台、套）、交响乐、比赛
			比赛（节、项）、考试
7	串	chuàn	葡萄、珠子、鞭炮、问题、泪珠、钱
8	床	chuáng	棉被、毡被、被单
9	撮	zuǒ	头发（根）、胡子

续表

序号	量词	注音	搭配名词举例
10	撮	cuō	盐、芝麻
11	簇	cù	火把、植物
12	丛	cóng	植物、草
13	处	chù	风景、地方
14	层	céng	冰、土
15	册	cè	书（本）、相薄
16	沓	dá	钞票、钱、纸（张）
17	道	dào	河（条）、瀑布（条）
			山（座）、山脉（条）、闪电、伤痕（条）
			门（扇）、墙（面）
			命令（项、条）、试题（份、套）、菜（份）
18	滴	dī	水、血、油、汗水、眼泪
19	点	diǎn	红、绿、收获、弹性、泥、雀斑
20	顶	dǐng	轿子、帽子、蚊帐、帐篷
21	堵	dǔ	墙、壁画、书橱、峭壁、石碑
22	堆	duī	垃圾、土、纸箱、粪便、东西
23	对	duì	夫妻、舞伴、耳朵（双、只）、眼睛（双、只）、翅膀（双、只）
			球拍（副、只）、沙发（套）、枕头、电池（节）
24	队	duì	车马、汽车、警察
25	段	duàn	故事、时间、文章、路
26	朵	duǒ	花、云（片）、蘑菇
27	方	fāng	田地、砚台、屏风、花坛
28	份	fèn	菜（道）、午餐、报纸（张）、杂志（本）、文件、礼物（件）
			工作（项）、事（件）、试题（道、套）

续表

序号	量词	注音	搭配名词举例
29	幅	fú	被面、彩旗（面）、图画（张）、相片（张）
30	副	fù	对联、手套（双、只）、眼镜、球拍（对、只）
			嘴脸、扑克牌（张）、围棋、担架
31	服	fú	药（剂）
32	封	fēng	信
33	杆	gǎn	枪
34	个	gè	人、孩子
			盘子、瓶子
			梨、桃儿、橘子、苹果、西瓜、土豆、西红柿
			鸡蛋、饺子、馒头
			玩具、皮球
			太阳、月亮、白天、上午
			国家、社会、故事
35	根	gēn	草（棵）、葱（棵）、藕（节）、甘蔗（节）
			胡须、头发、羽毛
			冰棍儿、黄瓜（条）、香蕉、油条、竹竿
			针、火柴、蜡烛（支）、香（支、盘）、筷子（双、支）
			电线、绳子（条）、项链（条）、辫子（条）
36	管	guǎn	笛子、箫、笔、枪、牙膏、口红、膏药
37	行	háng	字（个）、泪
38	户	hù	人家、家庭
39	盒	hé	蛋糕（个、块）、膏药、烟（根）、珠宝
40	剂	jì	药

续表

序号	量词	注音	搭配名词举例
41	家	jiā	人家、亲戚（门）、公司、报社
			工厂（座）、公司、饭店、商店、医院（所）、银行（所）
42	架	jià	飞机、钢琴（台）、摄像机（部、台）、鼓（面）
43	间	jiān	房子（所、套、座）、屋子、卧室、仓库
44	件	jiàn	礼物（份）、行李、家具（套）
			大衣、衬衣、毛衣、衣服（套）、西装（套）
			工作（项）、公文、事（份）
45	节	jié	甘蔗（根）、藕（根）、电池（对）、车厢、课（门）、比赛（场、项）
46	截	jié	手臂、木头、玉米
47	具	jù	尸体、棺材
48	句	jù	话、诗
49	卷	juǎn	铺盖（床）、尺子（把）、烟（包）
50	卷	juàn	书、经文
51	棵	kē	树、草（根）、葱（根）、白菜
52	颗	kē	种子（粒）、珍珠（粒）、宝石（粒）、糖（块）、星星、卫星
			牙齿（粒）、心脏
			子弹（粒）、炸弹
			图钉、图章
53	口	kǒu	人、猪（头）
			大锅、大缸、大钟（座）、井

续表

序号	量词	注音	搭配名词举例
54	块	kuài	糖（颗）、橡皮、石头、砖、肥皂（条）、手表（只）
			肉（片）、蛋糕、大饼（张）、布（幅、匹）、绸缎（匹）、地（片）
			石碑（座）
55	粒	lì	米、种子（颗）、珍珠（颗）、宝石（颗）、牙齿（颗）、子弹（颗）
56	缕	lǚ	光线、胡须、青烟
57	辆	liàng	汽车（部、台）、自行车、摩托车、三轮车
58	门	mén	课（节）、课程、技术（项）、学问
			亲戚（家）、婚姻
			大炮
59	枚	méi	铜钱（个）、手榴弹（颗）、硬币（个）、花瓣（片）
60	名	míng	教师（位）、医生（位）、犯人
61	面	miàn	墙（道）、镜子、彩旗（幅）、鼓（架）、锣
62	盘	pán	磨（扇）、香（根、支）
			磁带、录像带、饺子
63	批	pī	货
64	匹	pǐ	马、布（块）
			布（块、幅）、绸缎（块）
65	篇	piān	文章、文字
66	片	piàn	树叶、药片、肉（块）
			阴凉、阳光、云（朵）、地（块）
67	扇	shàn	门（道）、窗户、屏风、磨（盘）
68	丝	sī	头发、皱纹

续表

序号	量词	注音	搭配名词举例
69	双	shuāng	手（只）、脚（只）、耳朵（对、只）、眼睛（对、只）、翅膀（对、只）
			鞋（只）、袜子（只）、手套（副、只）、筷子（根、支）
70	所	suǒ	学校、医院（家）、银行（家）、房子（间、套、座）
71	束	shù	花（朵、枝）、稻草、光（线）
72	声	shēng	狗吠、闷响、咳嗽
73	台	tái	计算机、医疗设备（套）、汽车（部、辆）、钢琴（架）、摄像机（部、架）
			演出（场）、话剧（场）、杂技（场）、节目（场、套）
74	团	tuán	棉花、纸（张）、火光、烟雾
75	套	tào	衣服（件）、西装（件）、房子（间、所、座）、家具（件）、沙发（对）、餐具
			书（本、部）、邮票（张）、医疗设备（台）
			节目（场、台）、试题（道、份）
76	条	tiáo	绳子（根）、项链（根）、辫子（根）、裤子、毛巾、手绢儿（块）
			船（只）、游艇（只）
			蛇、鱼、狗（只）、驴（头、只）、黄瓜（根）
			河（道）、瀑布（道）、山脉（道）、道路、胡同儿、伤痕（道）
			新闻、信息、措施（项）、命令（道、项）
77	头	tóu	牛（条、只）、驴（条、只）、骆驼（只）、羊（只）、猪（口）
78	位	wèi	客人、朋友、作家（名）

续表

序号	量词	注音	搭配名词举例
79	项	xiàng	措施（条）、制度、工作（份）、任务、技术（门）
			运动、命令（道、条）、比赛（场、节）
80	样	yàng	菜（道）、东西
81	盏	zhǎn	灯、酒、茶
82	张	zhāng	报纸（份）、图画（幅）、相片（幅）、邮票（套）、扑克牌（副）、光盘
			大饼（块）、脸、嘴
			网、弓
			床、桌子
83	幢	zhuàng	房子、房屋
84	阵	zhèn	风、笑声、哭泣
85	只	zhī	鸟、鸡、鸭、老鼠、兔子、狗（条）、牛（头、条）、驴（头、条）、羊（头）、骆驼（头）、老虎、蚊子、苍蝇、蜻蜓、蝴蝶
			手表（块）、杯子
			船（条）、游艇
			鞋（双）、袜子（双）、手套（副、双）、袖子、球拍（对、副）
			手（双）、脚（双）、耳朵（对、双）、眼睛（对、双）、翅膀（对、双）
86	支	zhī	笔、手枪（把）、蜡烛（根）、筷子（根、双）、香（根、盘）
			军队、歌
87	枝	zhī	花、柳条
88	株	zhū	草、花

续表

序号	量词	注音	搭配名词举例
89	座	zuò	山（道）、岛屿
			城市、工厂（家）、学校（所）、房子（间、所、套）、桥
			石碑（块）、雕塑、大钟（口）
90	尊	zūn	大佛、菩萨、神像
91	宗	zōng	案件

参考文献

陈承泽. 国文法草创 [M]. 北京：商务印书馆，1982.

陈绂. 从"枚"与"个"看汉语泛指性量词的演变 [J]. 语文研究，2002 (1).

陈小燕. 贺州本地话研究——多族群语言的接触与交融 [M]. 北京：民族出版社，2007.

程国珍. 小议"抹"的量词用法 [J]. 辞书研究，2004 (5).

戴梦霞. 对外汉语名量词选用教学的一点探索 [J]. 汉语学习，1999 (4).

刁晏斌. 当代汉语对方言量词的吸收和发展——以"间"和"把"为例 [J]. 衡水学院学报，2008 (2).

刁晏斌. 当代汉语量词使用中的复旧与趋新现象 [J]. 辽东学院学报，2006 (1).

刁晏斌. 现代汉语历史发展研究的构想 [J]. 语言建设通讯，1992 (36).

刁晏斌. 现代汉语量词的显现与潜藏 [J]. 辽东学院学报，2006 (3).

丁声树，等. 现代汉语语法讲话 [M]. 北京：商务印书馆，1979.

方绪军. 现代汉语实词 [M]. 上海：华东师范大学出版

社，2000.

高名凯．汉语语法化［M］．北京：商务印书馆，1986.

郭锐，李知恩．量词的功能扩张［J］．中国语文，2021（6）.

郭锐．现代汉语词类研究［M］．北京：商务印书馆，2002.

郭绍虞．汉语语法修辞新探［M］．北京：商务印书馆，1979.

郭先珍．现代汉语量词用法词典［M］．北京：语文出版社，2002.

汉语大词典编委会．汉语大词典［M］．上海：汉语大词典出版社，2000.

何杰．现代汉语量词研究［M］．北京：民族出版社，2001.

胡壮麟．语言学教程［M］．北京：北京大学出版社，2004.

黄伯荣，廖序东．现代汉语［M］．北京：高等教育出版社，1991.

蒋宗霞，张德岁．汉语量词研究的历史回顾及未来研究的新取向［J］．淮南师范学院学报，2006（3）.

康玉华，来思平．汉语会话301句［M］．北京：北京语言大学出版社，2005/2014.

黎锦熙．新著国语文法［M］．北京：商务印书馆，1992.

李建平，张显成．泛指性量词"枚/个"的兴替及其动因［J］．古汉语研究，2009（4）.

李艳．现代汉语名量词的认知研究［D］．华东师范大学硕士学位论文，2006.

刘丹青．语法调查研究手册［M］．上海：上海外语教育出版社，2008.

刘世儒．魏晋南北朝量词研究［M］．北京：中华书局，1965.

刘雪芹．一个新兴的量词——抽［J］．语文建设，2001（2）.

卢鑫莹. 汉语个体量词异化使用的多元认知分析［J］. 洛阳师范学院学报，2012（1）.

陆志韦. 北京话单音词词汇［M］. 北京：科学出版社，1956.

吕叔湘，王海棻. 马氏文通读本［M］. 上海：上海教育出版社，1986.

吕叔湘. 语法修辞讲话［M］. 北京：中国青年出版社，1953.

吕叔湘. 中国文法要略［M］. 北京：商务印书馆，1982.

马建忠. 马氏文通［M］. 北京：商务印书馆，1983.

商务印书馆编辑部. 辞源（修订本）［M］. 北京：商务印书馆，1998.

邵敬敏. 动量词的语义分析及其与动词的选择关系［J］. 中国语文，1996（2）.

邵敬敏. 量词的语义分析及其与名词的双向选择［J］. 中国语文，1993（3）.

石毓智. 表物体形状的量词的认知基础［J］. 语言教学与研究，2001（1）.

王汉卫. 量词的分类与对外汉语量词教学［J］. 暨南学报（人文科学与社会科学版）. 2004（2）.

王力. 汉语史稿［M］. 北京：中华书局，2004.

王力. 中国语法理论［M］. 北京：商务印书馆，1955.

王希杰. 汉语修辞学（第三版）［M］. 北京：商务印书馆，2014.

王希杰. 这就是汉语［M］. 北京：北京语言学院出版社，1992.

王晓蕾. 量词"颗"、"粒"、"枚"的比较研究［D］. 中国海洋大学硕士学位论文，2010.

王雪娇. 现代汉语量词"枚"与名词的搭配使用［D］. 郑州

大学硕士学位论文，2016.

杨寄洲. 对外汉语教学初级阶段语法大纲［M］. 北京：北京语言文化大学出版社，1999.

杨寄洲. 汉语教程［M］. 北京：北京语言大学出版社，1999/2009.

曾柱. "枚"的扩张［J］. 语文建设，2010（10）.

张大雁. 从"帅哥一枚"看量词"枚"［J］. 现代语文，2017（2）.

张涤华. 现代汉语［M］. 北京：高等教育出版社，1958.

张万起. 量词"枚"的产生及其历史演变［J］. 中国语文，1998（3）.

张义. 汉语通用量词"枚"与"个"的嬗变［J］. 淮北煤炭师范学院学报（哲学社会科学版），2008（2）.

张谊生. 从量词到助词——量词"个"语法化过程的个案分析［J］. 当代语言学，2003（3）.

张志公. 语法和语法教学［M］. 北京：人民教育出版社，1957.

中国社会科学院语言研究所词典编辑室.《现代汉语词典》（第7版），北京：商务印书馆，2016.

周纯梅. 20世纪90年代以来的现代汉语量词研究综述［J］. 湖北广播电视大学学报，2006（2）.

朱德熙. 语法讲义［M］. 北京：商务印书馆，1997.

宗守云. 量词范畴化的途径和动因［J］. 上海师范大学学报（哲学社会科学版），2011（3）.

后　记

《现代汉语量词研究与对外汉语教学》一书主要是张颖和赵艳梅老师在四川大学攻读博士学位期间完成的，深深感谢在四川大学文学与新闻学院求学期间给过我们指导的蒋宗福教授、杨文全教授、俞理明教授、雷汉卿教授等，他们治学严谨、为人谦和，导师们的谆谆教诲常萦绕于心，鼓励我们在学术的道路上不懈努力。

在本书的分工方面，张颖老师主要撰写了第一章和第三章，赵艳梅老师主要负责撰写第二章和第四章，雷敏老师负责撰写第五章。

本书的基本框架和结构由张颖负责，她在量词本体研究的基础上，从二语教学的角度对比了汉语量词和英语中表量词的情况，并将量词与对外汉语教学结合起来进行探析。赵艳梅的主要研究领域为现代汉语词汇部分，在本书的研究中，她结合新词新语里的量词现象，拓展了当前对新的汉语量词的认知，并结合对外汉语教材，考察了量词的教学情况。特别感谢我们的合作者雷敏老师，雷敏老师的研究旨趣在语文教学和对外汉语教学实践方面，雷老师在本书中结合汉语二语教学实践对量词的教学提出了相关策略和建议。感谢雷敏老师为本书写作所付出的极大努力。四川大学出版社的宋颖老师对本书提出了许多宝贵的修改意见，感谢宋老师的辛勤工作。本书的修改和出版还得到了四川师范大学文学院和四川师范大学人文社科处的大力支持，在此一并表示感谢。

限于作者的学识，加之时间仓促，书中还有不少疏漏和不足，恳请专家学者批评指正！

著　者